평강의 주께서 친히

때마다 일마다

평강을 주시기를 기도하며

특별히 _____ 님께

이 소중한 책을 드립니다.

NO! NO! 세대차!

제발

친구같은
부모가
되어 주세요

10대 자녀를 둔 부모에게

빌 맥키 지음/조용만 옮김

이 책은 10대들이 부모에게 선물하는 책입니다.

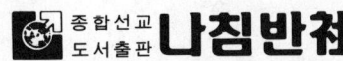
종합선교
도서출판 **나침반사**

 **MEMBER OF THE**
EVANGELICAL CHRISTIAN PUBLISHERS ASSOCIATION
● 본사는 세계적으로 권위있는 출판사들의 모임인 「국제 기독교 복음주의 출판인 협회」의 회원사입니다.

종합선교 −나침반社/그리스도인들의 성장을 돕습니다.

110-616 서울·광화문우체국 사서함 1641호 ☎(02)279-6321~3/주문처 (02)606-6012~4

● ● ●

COMPASS HOUSE PUBLISHERS

A DIVISION OF NACHIMBAN (=COMPASS) MINISTRIES
KWANGHWAMOON P. O. BOX 1641, SEOUL 110-616, KOREA

이 책의 원서 제목은 『shut your generation gap』으로서 번역·출판한 것입니다.

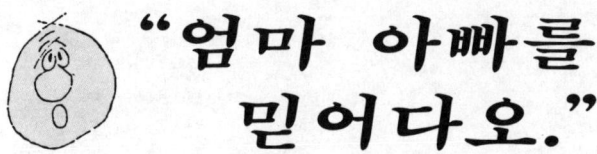
"엄마 아빠를
믿어다오."

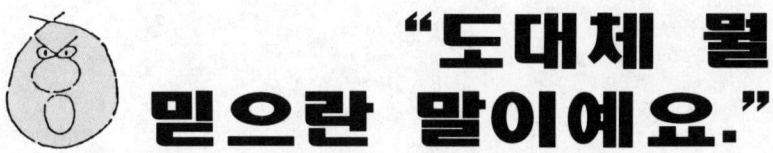
"도대체 뭘
믿으란 말이에요."

믿고 따를 수 있게 보여 주세요.

우리는 다른 사람의 삶에 관심이 많은 것 같다.
우리가 즐겨 보는 TV 토크쇼나 신문의
가쉽(gossip) 난이 그 증거이다.
특히, 그 내용이 사람들 앞에서 공개하기 쑥스럽고
치부를 드러내는 것일수록 우리들의 호기심은 극에 달한다.

그러나 그러한 호기심 이면에 우리가 느끼는 또 하나의 감정은
신선함이다. 우리는 스스로 자신의 약점을 정직하고 꾸밈없이

표현하는 데 익숙치 않다.

반면에 우리는 부정이나 비리를 저지르고도 뻔뻔스럽게
위증하는 사람들을 보면 어디서 나오는지도 모르는 정의감에
넘쳐 그들을 수없이 질책하고 곱씹기에 여념이 없다.

이것이 우리의 모습이다. 난 이런 모습을 보면서 한 가지
의문을 갖는다. 도대체 사람들은 왜 이렇게 정직성과
부정직성에 집착하는 것일까?

나는, 우리가 그렇게 정직하게 자랐다고는 생각지 않는다.
물론, 거짓말을 하면 부모에게 호된 꾸중을 듣는 엄격한
그리스도인 가정에서 자란 사람들도 있다는 것을 안다.
하지만 오늘날 청소년들은 "기성 세대의 관습"을 지적하면서,
그들의 부정직성과 세대차, 위선적인 행동을 비난한다.
그리고 기성 세대는 그러한 사실을 인정하지 않을 수 없다.

청소년을 품지 못하는 오늘날의 교회

오늘날 대부분의 청소년들은 애국심이나 공경심을 당연하게
받아들이지 않으며 그 가치에 대해 의문을 제기한다.
심지어는 법과 "신성한" 사회 규범조차도 그것들을
과연 충실하게 지켜야 할 이유가 있는지 따지고 캐묻는다.
청소년들은 어른들에게 가식적인 모습을 버리고 정직할 것을

요구하고 있다. 그러나 그들에게 주는 기성 세대의 답변은
늘 그렇고 그렇다.

기성 세대가 그들의 위선적인 행동을 옹호하기 위한 수단으로
가장 즐겨 쓰는 것은 전통이다. 나는 이 책을 읽는 대부분의
독자들이 그리스도인이라는 사실을 염두에 두고, 교회에 대해
정직하게 비판하고자 한다. 우리가 살고 있는 사회에서
교회보다 더 전통을 중시하는 기관은 없다. 우리가 전도할 때
"교회가 위선자들로 가득 찬 곳"이라는 이유로 돌아서는 자들을
보면 으레 이웃에 사는 "불신자들"이었다. 그런데 오늘날 그러한
불만의 목소리가 바로 교회 안의 청소년들 사이에서 나오고 있다.

나는 정신과 의사도 아니며, 또한 뛰어난 통찰력을
가진 사람도 아니다. 그러나 나는 일부 기성 세대들이
오늘날 어떤 생각들을 갖고 있는지 안다.
"요즘 젊은애들은 꼴사나운 복장을 하고,
아버지의 신용 카드를 갖고 다니며 써 대는 건달들이지,
우리 땐 그러지 않았는데 말야."

이러한 태도 때문에 청소년들과 기성 세대간에 엄청난
세대차가 벌어졌다. 물론, 여러 측면에서 반항적인 십대들에게
잘못이 있음은 사실이다. 그들은 사회를 어지럽히고, 하나님을
욕되게 하며, 가정을 부끄럽게 하기도 한다. 그러나 의롭고
선한 것을 추구하는 십대들도 많이 있다. 시편 24편 6절은

"요즘 젊은애들은 꼴사나운 복장을 하고, 아버지의 신용 카드를 갖고 다니며 써 대는 건달들이지, 우리 땐 그러지 않았는데 말야."

바로 그러한 십대들에게 적용되는 구절이다.

"이는 여호와를 찾는 족속이요…."

그러므로 우리는 십대들의 말을 무시하는 죄를 범해서는 안 된다.

우리의 심령은 연소(年少)한 자를 통해서도 하나님을 좀더

잘 섬기는 방법을 배우고 깨달을 수 있다(욥 32:6~10).

너무나 많은 교회들이 오늘날 순전히 형식적으로 청소년 사역을

행하고 있다. 그들은 십대들에게 관심을 갖고 있다고 주장하지만,

중·고등학생과 대학생 그리고 청년부 선교를 위한 전략을

수립하고, 그들에게 감화(感化)와 도전을 주는 일을 모두

한 사람에게 전담시키고 있다. 토론과 레크리에이션, 친교,

수련회, 교회 학교, 청소년 집회에 대한 계획을 짜야 하고

때로는 형편 없이 낮은 보수에도 불구하고 "사역자"라는 이유로

아무런 불평 없이 임무를 수행해야 한다.

청소년들 사이에 오늘날처럼 음악이 그들의 관심을 끈 적이

일찍이 없었다. 그들은 가는 곳마다 워크맨을 갖고 다닌다.

그들이 CD를 구입하는 데 수십만 원씩 소비하는 것은 그들의 삶

가운데 음악이 차지하는 비중의 중요성을 보여 주는 증거가 된다.

그러면 교회는 이렇게 활짝 열린 음악이라는 창을 통해

십대들에게 얼마나 다가갔는가? 우리는 교회 안에서 대개

피아노만을 사용하고 있다. 우리가 단조로운 곡조의

찬송만을 고집하기 때문에 청소년들은 좀더 활기찬 박자와

경쾌한 리듬을 찾아 세상으로 향한다. 외람되게도

우리 자신은 의롭고, 세상적인 것에서 떠나 거룩하게 살며,
따라서 우리의 "정결한" 삶을 아시는 하나님께서 반드시
우리를 축복하고 상주실 것이라고 말한다.

　　그렇다고 모든 교회가 다 청소년들을 외면해 온 것은 아니다.
나는 「콘티넨탈 찬양 협회」(Continental Singers, Inc.)로부터
지원받고 있는 여러 음악 단체 가운데 하나인
「뉴 호프 싱어즈」(New Hope Singers, 경배와 찬양 단체)를
재정적으로 후원해 주는 교회를 방문한 적이 있다.
그 그룹은 팝 음악(Pop music)의 양식을 일부 수용했다.
그들의 찬양은 박자와 리듬이 모두 경쾌했다.

　　그 교회의 목회자는 일찍이 장년들에게 청소년들이 즐기는
음악이 불쾌하더라도 기도하고 인내하며 그들을 이해할 것을
부탁했다. 장년들은 청소년들이 의자에 앉아 나의 메시지를
경청하는 것을 보고는 저들의 마음이 열려 있음을 확인하였다.
청소년들이 부른 노래의 가사는 매우 복음적이었으며,
따라서 어른들도 많은 은혜를 받았다. 청소년들은 내가 전하는
복음 증거에 심취해 있었다. 자신이 고통 가운데 있으며
사랑과 지혜가 부족하다고 생각한다면 그리스도께 나오라고
초청하자 많은 청소년들이 이에 응하였다.
다섯 차례의 전도 집회를 통해 150여 명이나 되는
청소년들이 그리스도 앞으로 나왔다. 교회는 놀라운 축복을
받았으며, 청소년들에 대한 새로운 이해와 전도의 장(場)이

열렸다. 다시 말해, 기성 세대가 진지한 노력을 기울였기에 중요한 것을 깨달을 수 있었고 덕분에 교회 안에서 장년과 청소년들 사이의 그릇된 세대차가 허물어졌다.

불신자 청소년들은 교회를 매우 구닥다리 기관으로 간주하고 있는데, 이것은 저들이 교회를 매우 "못마땅하게" 생각하고 있음을 의미한다. 그들은 교회를 생각할 때 하나님, 그리스도, 성경, 목사, 선교사 그리고 한물 간 교회 음악 등을 연상하는데, 오늘날 음악이라는 열린 창(窓)을 통해 그것들에 대한 불만을 노골적으로 표현하고 있다.

선교 기관 역시 우리가 정직한 눈으로 비판하지 않으면 안 될 또 하나의 "기구"이다. 청소년들은 선교 기관에 대해 무관심과 침묵으로 반항하고 비판해 왔다. 나는 지금까지 해외 선교사로 사역해 왔는데, 사람들은 선교사라고 하면 아직까지도 햇빛 가리개인 큰 차양모를 쓰고 다니며, 뱀과 그 밖의 여러 위협에 시달리고 있다는 고정 관념을 갖고 있다. 선교사들 가운데는 그 동안 정직하지 못한 자들이 있었다. 그들이 보내 오는 사진은 선교지의 실상을 반드시 그대로 보여 주지만은 않았다. 선교사들은 자기들이 현지인들을 위해 매우 헌신적인 삶을 살고 있으며, 극심한 경제적 고통에 시달리고 있는 것처럼 보고해 왔다.

해외 선교사들은 지금까지 본국 교회에 선교사 파송보다

재정적인 지원을 요구하는 서신을 보낸 경우가
훨씬 많았다. 오늘날 청소년들은 거짓말을 탐지하는
고감도 안테나를 갖고 있다. 우리는 "소명"(召命)이란 말의
의미에 대해 정확한 개념 없이 그 말을 사용해 왔다.
따라서 자신의 즉흥적(이기적) 선택에서 비롯된 문제에 대해 종종
하나님을 원망한다(자기의 사역지에서 소기의 성과가 없을 때).
"내가 소명받은 곳은 다른 곳이지."
"내가 부름 받은 교회는 분명 여기가 아니야"
(사실은 낮은 사례비 때문이지만).

　많은 선교 단체들은 아직도 선교의 성과를 얼마나
많은 교회를 개척하고 조직했는지의 여부로 판단하고 있다.
선교의 황금 어장인 청소년들이 입시 때문에 마음의 공허감을
느끼고 있지만, 교회는 학생들에게 복음을 전하고 학교 전체를
복음화하기 위한 적극적 프로그램을 개발하지 못하고 있다.

　우리는 선교사들의 모임에 참석하면 판에 박힌 구태 의연한
말들을 수없이 듣는다. 그러나 젊은 세대들은 그처럼
진부한 말이나 견해에 결코 넘어가지 않는다. 그들은 오늘날의
국제 상황을 잘 알고 해박한 지식과 많은 정보를 갖고 있다.
또한 우리에게 정직할 것과 적절한 증거를 요구한다. 우리가
정확한 증거를 제시하지 못한다면 결국 그들은 떠나 버린다.

　그러나 우리에게는 밝은 미래가 엿보인다. 예를 들어,

딕 힐리스(Dick Hillis) 박사의 통찰력 있는 인도 아래 운영되는
해외 전도 운동은 매우 융통성 있는 선교 방법이다. 그 운동은
일정한 틀을 정해 놓고 그러한 제한 속에서만 일할 사람을
찾고 있지 않다. 오히려 그들은 각자 자기가 갖고 있는
성령의 은사를 발견케 하여 누구든지 그것에 따라 일하게 한다.

　청소년들을 선교 현장에 파송하고자 한 힐리스 박사의 꿈은
1953년 빅토리 농구팀을 동양에 파송하는 독특한 모험으로
시작되었다(우리 나라에도 매년 한 차례 방문하는
선교 농구팀임 － 편집자 주). 그들 가운데 상당수는 귀국해
지금 헌신적인 선교 활동을 펴고 있다. 직접 선교 현장에서
체험할 수 있는 이 정직한 기회야말로 오늘날의 젊은 세대가
추구하는 것이다. 선교 단체들이 이러한 투자를 할 때,
하나님께서는 청소년들의 마음을 여시고 그들의 눈을 들어
추수의 현장을 바라보게 하실 것이다.

　학생들은 부정직에 대해(그것이 사실이든 아니면
막연한 추측이든) 매우 비판적이며, 노골적으로 불만을 표한다.
그들은 정부와 교육계, 경제계의 부패와 부정직성에 대항한다.
　한때 학원가에서 일어났던 일련의 사건들은 교육계의 위선과
부정직을 단적으로 보여 주었다. 소위 지성인이라 하는 자들이
교육에서 하나님을 제외시켰으며, 성경을 무시하고,
그리스도에 대한 신앙을 비웃었다(미국의 공립 학교에서
기도와 성경 교육을 금한 조처를 말한다 － 편집자 주).

그들은 학생들에게 심리학적 사고 방식으로 생각하고 그것을
곧 자신의 법으로 삼도록 가르쳤다. 그러나 그들의
편견적 사고(思考)는 교육의 핵심적 권위를 무시했다.
그들의 발언은 공격받았으며, 강의 노트는 파기당하고,
신분은 위협받았다. 그들은 교육에서 하나님을 몰아냈으나,
그 자리를 대신할 만한 것을 발견하지 못했다. 불만에 찬
그들의 제자들은 자신들의 절망감을 폭발적으로 분출했다.

법의 이중적 기준 때문에 우리는 자주 당혹감을 느끼게 되고
이러한 현실을 보는 청소년들은 이의를 제기한다. 법관들의
판결도 유능한(?) 변호사들에 의해 좌우된다.
청소년들의 범죄와 비행이 계속 늘어나고 있지만 학교 내에서
일어나는 불법적 행위에 대해서만 법적 조치가 취해진다.

매춘 행위와 마약 소지, 심지어 청소년들의 중죄(重罪)에 대한
처벌이 미약하기 때문에 십대들은 모방 범죄에 대한
강한 호기심을 버리지 못한다.
"아버지는 술에 취한 채 차를 몰고 다니고, 엄마를 구타하며
노름 빚으로 가산(家産)을 다 탕진했어요.
어른들도 그러는데 우리라고 못 할 것 없잖아요?"
당신은 자녀가 이렇게 질문한다면 어떻게 답변하겠는가?

나에게는 로스앤젤레스 시경에서 근무하는 친구가 있다.
그는 한 신고자의 진술을 듣고, 외설 잡지를 갖고 다니며

파는 차를 수색했다. 그 신고자는 내 친구 봅(Bob)에게
자기 아들이 다니고 있는 중학교에서는 그러한 도색 잡지가
공공연하게 팔리고 있으며, 그는 그 차의 번호를
알고 있다고 말했다. 봅은 그 내용을 수사하기로 약속하고,
다음날 이 사실을 풍기 문란 단속과에 알렸다.
하지만 그들은 봅에게 그러한 음란 퇴폐물이 이제는 더 이상
외설물로 취급되고 있지 않기 때문에 별다른 조치를
취할 수 없다고 말했다.

  청소년들은 그러한 외설물을 하나의 예술 작품으로 간주하는
자유주의적인 법정을 믿고 비행을 일삼는다. 그들은 이른바
"새로운 자유"란 미명 아래 그것을 남용하거나, 그렇지 않으면
거짓된 제도에 반기를 들고 시위하며 음악과 행동을 통해
반항을 표한다. 심한 환멸감에 빠져 있던 한 마약 중독자는
이렇게 말했다.
"나는 내가 마약에 취해 있을 때 비로소 나의
가장 진실한 모습을 발견할 수 있지요….."

  우리가 사는 이 세상에서는 착취의 목적으로 전쟁이 계속되고
있으며, 자동차 모델은 하루가 다르게 바뀌고, 물건은 싼 값에
만들어져 비싸게 팔리며, 양심적이고 정직한 목수나 연관공,
전기 기사를 구한다는 것은 기적에 가깝고, 많은 사업가들은
성실한 경영인을 구하지 못하거나 종업원들이 그들을
속이기 때문에 사업에 실패한 예를 우리는 얼마든지 열거할 수

있다. 그 밖에도 공금 유용, 사기, 탈세 등을 꼽을 수 있다.

그런데 중요한 사실은 세대차나 대화의 단절이 우리의 진정한 노력으로 얼마든지 좁혀질 수 있다는 것이다. 정직함, 그것이 바로 다리가 되어 준다. 이것은 아주 명백한 사실이다.

우리 주변에는 우리 힘으로 바로잡을 수 없는 잘못된 것이 있다. 그러나 이처럼 혼란한 세상에서 가장 중요한 공동체는 가정이므로 온전한 가정을 이루기 위해 분명히 무엇인가 해야 한다.

하나님과 자녀 앞에서 정직해야 함

무엇보다도 하나님 앞에 정직해야 한다. 이 책을 읽는 독자들 가운데 하나님께 서원한 사람이 있다면 반드시 지켜야 한다. 당신의 자녀가 당신을 주시하고 있다.

그리스도인 중에는 하나님의 것을 도적질하는 자들이 있다. 그들의 자녀는 부모가 온전한 십일조는 물론 그 밖에 일체의 다른 헌금이나 예물을 바치는 것을 본 적이 없다. 그런데도 부모는 연말 정산을 할 때마다 수입의 10분의 1을 헌금했다고 허위 「기부 명세서」를 제출하는 것을 자녀들은 안다. 아마 자녀는 입으로는 아무 말도 않겠지만, 어느덧 자신에게서 하나님의 축복과 상급을 빼앗아 가는 삶의 원리에 익숙해져 간다.
그들은 하나님을 자기에게 필요한 것을 공급해 주시는 분으로
믿지 않게 될 것이다. 오늘날 교회와 선교 단체들이 직면한
청지기 사명의 문제점들은 그들의 부모가 그랬듯이
다음 세대로 물려진다.

행여 당신의 자녀가 학교에서 부정 행위를 하다 들켰다 해도
그에게 어디서 그 방법을 배우게 되었는지 묻지 말라.
그리고 그를 너무 심하게 혼내지 말라. 하나님을 속이는 것과
학교에서 부정 행위를 한 것 중 어느 것이 더 심각한 것이겠는가?

당신은 정직하게 시간을 활용하려고 노력하고 있는가?
내가 묻는 것은 당신이 하나님의 사역을 위해 시간을 바치고
있느냐 하는 것이다. 피곤하다거나 바쁘다는 것이 당신에게는
매우 합당한 구실처럼 생각될지 모른다. 그렇다면 당신의 자녀가
주일학교나 청년회 모임에 참석하지 않는 것에 대해
그렇게 변명할 때 당신에게는 그것이 정당하게 들리는가?

당신은 자신이 가르치는 주일학교의 공과를 성실히 준비하는가?
당신은 토요일 밤 잠자리에 들기 바로 직전 교재를 한번
대충 훑어보는가 아니면 미리 그것을 철저히 연구하고
준비하는가? 어린이들의 영적 성장을 위한 투자야말로 진정
가치 있는 일이 아닌가? 오늘날 대부분 교회들의 주일학교가
하나같이 지루하게 느껴지는 것은(특히 청소년들에게)

세대차나 대화의 단절은 우리의 진정한 노력으로 얼마든지
좁혀질 수 있다. 정직함, 그것이 바로 다리가 되어 준다.

자료의 빈곤(사람들이 흔히 핑계거리로 삼는) 때문이 아니라
교사들의 부족한 준비 탓이다.

　　우리는 얼마나 오랫동안 속일 수 있는가? 구태 의연한
전통적인 방법들을 옹호하는 것으로 청소년들을 이끌 수 있을까?
상술(商術)과 교육 방식의 변화 및 운동 훈련 방법의 변화로,
사업가들은 더 많은 돈을 벌고 사람들은 훌륭한 교육을 받으며
운동 경기에서는 매년 새로운 기록이 갱신되고 있다.
청소년들은 이런 변화에 민감하다. 하지만 교회에선 그들의
의견이 반영되거나 존중되지 않고 요구가 실행되지 않기 때문에,
그들은 흥미를 잃고 교회를 떠나며 의욕을 상실하고 실망한다.
이러한 관심의 결여는 지금까지 우리가 살펴본 예들의 결과이다.
하나님을 섬기는 그들의 태도는 저들이 강단에서 설교를 통해
듣는 것보다 눈으로 목격하는 것들을 통해 형성된다.

　　만일 우리가 이웃 사람들을 가정에 초대하지 않고,
너무 피곤하다는 이유로 직장에 나가지 않으며,
십대의 자녀들 앞에서 누군가의 구원을 위해 기도하는 모습을
전혀 보여 주지 않는다면, 우리가 그들에게 아무리 전도하고
친신하며 그들의 삶을 하나님을 위한 사업에 바치라고 요구한들
아무런 소용이 없다.

　　청소년들이 나에게 털어놓는 불만 가운데 하나는
부모 스스로 행하지 않거나 전혀 한 적이 없는 것들을

그들에게 요구하며, 자신들은 지키지 못하는 높은 수준의
도덕적 삶을 강요한다는 것이다.

그러면 솔직히 말해 보자. 이러한 부모의 강요는 본의든
본의가 아니든 하나님 앞에 진실하지 못한 것이며, 자녀들에게
존경심이나 신뢰를 기대할 수도 없다. 거기에다 부부간에도
불신이 팽배해 있다면, 사태는 더욱 심각해질 뿐이다.

어머니들이여, 당신은 남편을 사랑하고 존경하고 순종하기로
약속하였다. 그런즉 아내 된 당신은 남편이 그리스도께 순종하듯
남편에게 순종해야 한다.

에베소서 6장 4절의 다음 말씀을 경청해 보자.
"또 아비들아 너희 자녀를 노엽게 하지 말고
오직 주(主)의 교양과 훈계로 양육하라."

잔소리가 많고, 이것저것 불만에 가득 찬 엄마 밑에서
자란 딸은 심한 정서적 강박감에 시달리며 대개 부모의 관계를
보면서 자신의 결혼관과 남성관의 기준을 설정한다.
남편은 가정의 머리이다. 그러므로 자녀들 앞에서
그의 권위가 실추될 때, 전체 가정의 질서가 무너진다.
아내가 아무리 정당한 이유로 화를 내고 그녀의 행위가
옳을지라도, 남편을 비난하는 것은 그는 물론 아내 자신에게도
엄청난 상처를 입히는 것이다.

나는 결손 가정의 해악이 온 가족의 일상에 얼마나 피해를

주는지 목격했다. 그 독은 걷잡을 수 없이 퍼져 나가
결국 아이들이 부모를 미워하게 된다. 이유가 무엇이든지 간에
결과는 마찬가지로 고통스럽다.

아버지들이여, 당신 역시 하나님과 다른 증인들 앞에서
몇 가지 서원을 하였다. 당신이 보여 주는 사랑과 경의와
존경심은 당신의 아들이 여자 그리고 궁극적으로는
그의 아내와의 관계를 형성하는 데 지표가 된다. 남을 사랑하고
돕는 일에 인색할 때 당신은 아들이란 거울 속에서 자신의
흉칙한 모습을 보게 될 것이다.

에베소서 5장 25, 33절은 우리에게 다음과 같이 말하고 있다.
"남편들아 아내 사랑하기를 그리스도께서 교회를 사랑하시고
위하여 자신을 주심같이 하라…그러나 너희도 각각 자기의
아내 사랑하기를 자기같이 하고."
사실 우리는 만사가 귀찮고 짜증스러워 애정을 표현하고 싶지
않을 때가 있다. 그러나 여자는 사랑을 먹고 산다는 사실을
기억하라. 자녀는 부모가 주고받는 다정한 눈짓과 몸짓을
주목하며, 그것을 통해 뭐라 표현할 수 없는 안정감과
따뜻함을 느낀다.

최근에 아내는 가족을 위해 특별한 저녁 식사를 마련하였다.
나는 기도를 마치고 나서 이렇게 제안했다.
"오늘의 훌륭한 요리에 대해 엄마에게 박수를 치자."

아이들은 좋아라 웃어 대며 손뼉을 쳤다. 나는 아내를
잘 알고 있다. 아내는 그 순간 자신이 준비한 요리가 온 가족을
기쁘게 했다는 데 뿌듯함을 느끼는 것 같았다.

아내는 그 이후에도 여러 차례 "박수 갈채"를 받았으며,
아이들이 나서서 먼저 박수를 치기도 했다. 사람은 누구나,
나이가 적든 많든 칭찬받기를 좋아한다는 사실을 기억하라.

그러므로 하나님과 아내, 자녀들 앞에서 정직하라.
약속한 것이 아무리 무리한 것일지라도 반드시 지켜야 한다.
말에 대해서는 책임을 지라. 사람들이 당신의 말을 신뢰할 수
있게 하라. 그리고 자신이 행하지 않는 것을 결코
다른 사람에게 강요하지 말라.

무엇보다도 중요한 것은 온 가족이 한 자리에 모여 가정 제단을
쌓고 기도하며 성경 읽는 시간을 갖는 것이다. 어떤 아이들은
그들의 부모가 기도하는 것 대신 다투는 소리를 듣고, 부모가
예배 출석과 성경 읽는 것에는 무관심한 채, 새 물건 구입이나
근사한 휴가 계획에 대한 기대에 부풀어 있는 것을 보며 자란다.

나는 여기서 어느 청년에게 들은 이야기를 소개할까 한다.
그의 이야기가 정직이 무엇인지 아주 잘 보여 주기 때문이다.
우리는 남을 속이고 거짓말하거나 물건을 훔치지는 않지만
자기가 사랑하는 사람과 한 약속을 지키지 않거나 그를 존중해
주지 않아서 그보다도 훨씬 무서운 거짓말쟁이가 될 수 있다.

정직에 대한 가장 훌륭한 척도는 우리의 행위가 아니라
(그것은 얼마든지 사전 계획되고 행해질 수 있으므로)
우리의 반응이다. 청년은 다음과 같이 말했다.
"저는 어느 날 밤 승용차가 고장이 나 밤 12시가 되어서야
귀가했어요. 저는 부모님 방으로 가 아버지를 깨웠어요.
아버지는 자리에서 일어나시더니 새벽 1시 반이 될 때까지
계속 차를 고치셨어요. 그리고 출근하기 위해 5시에
일어나시는 거예요. 아버지는 조금도 화를 내시지 않았어요."

　　나는 어떻게 그 시간에 아버지를 깨울 수 있었느냐고
청년에게 물었다. 그는 이렇게 대답했다.
"아버지는 언제든지 제가 필요하면 부탁하라고 말씀하셨거든요."
나로서는 청년이 조금 지나치지 않았나 생각된다. 그러나 그의
아버지는 약속을 지켰다. 그날 밤 아버지가 보여 준 행동은
부자(父子) 간의 두터운 세대차의 벽을 완전히 허물기에
충분한 것이었다.

"그래, 어떻게 하면
네 말 좀
들을 수 있니?"

"뭐, 말이 통해야
얘길 하죠."

유행어 한 마디쯤은 하실 수 있었으면 좋겠어요.

앞과를 읽은 후, 정직해야겠다고 결심하길 바란다. 그러나 솔직히 말해, 젊은 세대들의 사고 방식과 그 동기를 이해하지 않고는 정직하겠다는 결심대로 살기가 매우 어렵다. 애들이 왜 그렇게 했을까? 아이들은 누구를 믿고 어떤 것에 의존할까? 내가 아이들과 대화를 나눌 수 있을까?

이상하게도 많은 부모들이 자녀를 이해하지 못하는데, 특히 자녀들이 사춘기에 이르렀을 때는 더욱 그러하다.

하지만 그들을 이해하려는 노력을 포기해선 안 된다.
아마 이 과는 당신이 그들의 실체를 이해하도록 도움을
줄 것이다. 당신은 그들의 문제가 무엇인지 알고 그 가운데
당신에게도 책임이 있다는 것을 깨닫게 될 것이다.

정신적 공허함으로 방황하는 청소년들

자녀들을 세 가지 측면, 즉 신체적, 지적(知的)
그리고 영적인 면에서 생각해 보자.
　아이를 키워 본 사람이면 누구나 신체적 발달이 지적,
영적인 면보다 빠르게 나타난다는 것을 안다. 신체적 욕구는
강하며 대개 소리로 표현된다. 어린아이의 신체적 발달은
정신적 성장과 병행하지만 신체적 성장이 사고력과
행동 발달까지도 지배한다. 그리고 점차 분별력이 발달하면서
아이의 정서에 영향을 준다. 어린아이는 이기적이고
자기 방어적이며 순전히 신체적인 동기에서 사람들의 환심과
시선을 끌려고 노력한다.

　그러다가 학령기에 이르면서 자기만의 의식 세계가 형성된다.
부모들은 아이에게 이치를 설명해 주지만 아이의 충동적이고
부주의한 행동을 막을 도리가 없다. 부모들은 아이가 학교에
들어가면 신체적 발달만큼 정신적으로 성숙하리라고 기대한다.
그러나 대개의 경우는 결코 그렇지가 않다. 노예처럼 일해서

돈을 모으고 그것으로 육체의 모든 욕구를 충족시키는 사람들이
우리 주변에 얼마나 많은가? 그들에게 성공의 기준이란
봉급 액수와 승용차, 주택, 그리고 연차 휴가 기간 등이다.
한마디로 말해 그들은 정신적인 미숙아들이다. 많은 사람들이
대학 졸업장을 갖고 있고, 교회에 출석지만 전인적(全人的)인
삶의 원리에 대해서는 무지하다시피 하다.

 십대 청소년기에는 신체적 변화가 두드러지게 나타난다.
사춘기의 청소년들은 정서적으로 매우 강렬하고 새로운 세계에
직면한다. 청소년들은 좌절하고 두려워하는 것이 아무런 도움도
되지 않는다는 것을 알면서도 스스로 냉철해지기가 어렵다.
새로운 도덕 개념에 대해 성숙하고 분별력 있는 가치관을
가져야 함에도 불구하고, 그들의 판단력은 억제할 수 없는 감정과
사람들의 관심을 끌고 싶은 욕구를 다스리기에는 부족하다.
섹스 문화로 오염된 사회에서 그들은 거리, 광고 게시판, TV,
잡지, 서적 등에서 쉽게 자극적인 장면을 접하게 된다.

 청소년들은 음담 패설을 주고받으며 상대 이성에게 어떻게
관심을 끌 것인지에 관한 얘기로 시간 가는 줄을 모른다.
그들은 섹스는 매우 흥미로운 것이라고만 말할 뿐 그것에는
후회가 따른다는 사실을 언급하지 않는 쾌락주의자들의
거짓된 논리와 철학을 책에서 읽는다.

 오늘날 청소년들 사이에 도덕적인 규범과 가치관이 무시되고

있다. 십대들은 어떻게든 현실과 영합(迎合)하는 것이 현명하다고
생각한다. 그들은 학교 성적이나 교회 출석보다는 오락이나
연예인, 운동 경기, 스포츠인에 대한 관심이 더 많다.
부모는 자녀들의 중요 관심사가 무엇인지 안다. 그러나 자녀들이
왜 그렇게 하는지 전혀 이해하지 못한다. 때로는 그들의 입장을
그대로 받아들이고, 그들의 관심을 이해하여 그것을 사실로
인정해야 한다. 신체상의 문제나 사회적 관계 때문에
스트레스 받는 청소년들에게는 더 이상의 중압감보다는
따뜻한 이해와 세심한 관심이 필요하다.

  물론, 우리는 저들에게서 그리스도에 대한 신앙으로
영안(靈眼)이 열리고, 그들의 삶 가운데 성령께서 강권적으로
역사하시도록 기도해야 한다. 성령께서는 우리가 시험 가운데
간구할 때 시험을 감당할 지혜와 능력을 주실 수 있으며
실제 그렇게 하신다. 또 성령께서는 자신의 상황을
정확히 깨닫도록 우리를 도와주신다.

  인간의 지적(知的) 발달은 사람에 따라 빨리 이루어지기도
하고 좀 더디 이루어지기도 한다. 대부분의 청소년들은 자신들이
자기 주장이 매우 강하며, 이론적으로 따지기를 좋아한다는 것을
잘 알고 있다. 그래서 그들은 오랜 체험에서 얻은 삶의 지혜를
좋은 충고로 받아들이기를 완강히 거부함으로써 우리를 괴롭힌다.
그러나 그것은 저들이 지극히 정상적임을 보여 준다.
우리는 이것을 훌륭한 인격체로 성장해 가고 있음을 보여 주는

대부분의 청소년들은 자신들이 자기 주장이 매우 강하며, 이론적으로 따지기를 좋아한다는 것을 잘 알고 있다. 그래서 그들은 오랜 체험에서 얻은 삶의 지혜를 좋은 충고로 받아들이기를 완강히 거부함으로써 우리를 괴롭힌다.

증거로 수용하되, 성숙된 방법을 통해 한정된 지식과
영적인 지혜 사이의 차이점을 깨닫도록 도와줘야 한다.
고린도전서 1장 19~21절과 2장 14~16절은 그러한
차이점들에 대한 몇 가지 명확한 예를 소개하고 있다.

"기록된 바 내가 지혜 있는 자들의 지혜를 멸하고 총명한 자
들의 총명을 폐하리라 하였으니 지혜 있는 자가 어디 있느뇨
선비가 어디 있느뇨 이 세대에 변사가 어디 있느뇨 하나님께
서 이 세상의 지혜를 미련케 하신 것이 아니뇨 하나님의 지혜
에 있어서는 이 세상이 자기 지혜로 하나님을 알지 못하는고
로 하나님께서 전도의 미련한 것으로 믿는 자들을 구원하시기
를 기뻐하셨도다"(고전 1:19~21).

"육(肉)에 속한 사람은 하나님의 성령의 일을 받지 아니하나
니 저희에게는 미련하게 보임이요 또 깨닫지도 못하나니 이런
일은 영적으로라야 분변함이니라 신령한 자는 모든 것을 판단
하나 자기는 아무에게도 판단을 받지 아니하느니라 누가 주의
마음을 알아서 주를 가르치겠느냐 그러나 우리가 그리스도의
마음을 가졌느니라"(고전 2:14~16).

이것은 결코 터무니없는 억지가 아니다! 당신은 마치 자신이
현대 심리학 서적들을 중간중간 읽고 있는 것과 같을 것이다.
사실 성경은 오늘날 우리가 직면하고 있는 문제들에 대해
얼마나 적절한 해답을 주고 있는가?

오늘날 십대 청소년들은 좌절감과 불안에 떨고 있다.
그들은 명문 대학 연구팀에서 밝힌 것처럼 결단력이 부족하고
아무 생각 없이 또래 집단에 쉽게 휩쓸린다. 그들이 욕구 불만을
품게 된 주원인은 지금까지 주어졌던 자유에 대한 욕구에 있다.
그들은 최소한 한 번 이상 음란 비디오 시청, 음주, 흡연,
반항 등을 체험하였다. 그들은 부모들의 부(富) 덕분에
자신이 원하는 것을 무엇이나 소유하고 마음껏 즐긴다.
그러나 청소년 문제 전문가들이 내린 한 가지 결론은
물질적 풍요가 가정에 아무런 행복도 가져다 주지
못했다는 것이다. 따라서 청소년들은 이렇게 생각한다.
"뇌졸증이나 심장 마비 아니고는 빠져 나올 수 없는
컨베이어 벨트 옆에 앉아서 돈을 벌어야 할 필요가 뭐가 있나?"

우리에게는 지금 과거 어느 때보다도 우리의 삶을
충족시키기에 충분한 많은 기구들이 있다. 그러나 어느 위대한
심리학자는 "20세기의 인류에게 가장 무서운 정신병은
공허감이다"라고 하였다.
영화 배우 소피아 로렌(Sophia Loren)은 다음과 같이 말했다.
"나는 누구나 살면서 한 번쯤 깨닫게 되는 진리를 알고 있다.
그것은 물질이란 덧없고 무가치할 뿐이며…소망이야말로
물질의 소유보다 중요하다는 사실이다."

그러면 우리가 의지해야 할 것은 무엇인가? 지식인들
혹은 철학자들? 장기 이식이나 인공 위성, 컴퓨터와 같은

의학과 과학의 비약적인 발전은 인간이 오늘날 직면하고 있는
사회 문제들을 분명히 해결할 수 있다고 하는 것처럼 보인다.

　그러나 인간의 위대한 지식은 지금까지 범죄를 예방하고
가난을 퇴치하고 전쟁과 증오를 해결하는 데 기여했는가?
그것은 인간을 암의 공포에서 벗어나게 했으며
세계, 국가, 혹은 개인의 평화에도 이바지했는가?
청소년들은 이러한 문제들에 대한 해결책이 분명히 있다는
확신 가운데, 획기적인 변화를 통해 현재의 상황을
바꿀 수 있다는 생각으로 그것을 소망하며 얻고자 하지만,
결국 불가능하다는 사실을 깨닫게 된다.
우리는 이제 저들에게 각자의 태도와 의지에 변화가
일어나야 한다는 것을 주지시키지 않으면 안 된다.
그러한 마음의 변화는 일종의 환각적인 것이 아니라,
그 이상의 "정신적인" 변화를 의미한다.

　마음은 우리 몸의 조종실과도 같다. 우리의 감정과 의지와
인격과 그 밖의 모든 것들은 바로 마음에서 비롯된다.
우리는 마음으로부터 지시를 받아 행동하고 말한다. 내부 또는
외부에서 모든 일들은 마음에 전달되어 해석되고
(이 때 반사 작용은 제외된다) 그에 대한 반응이 나타난다.
이것은 다음과 같은 과정으로 전개된다.
사고→행동→습관→인격→운명.
　그러므로 모든 것은 사고(思考) 작용에서 시작된다.

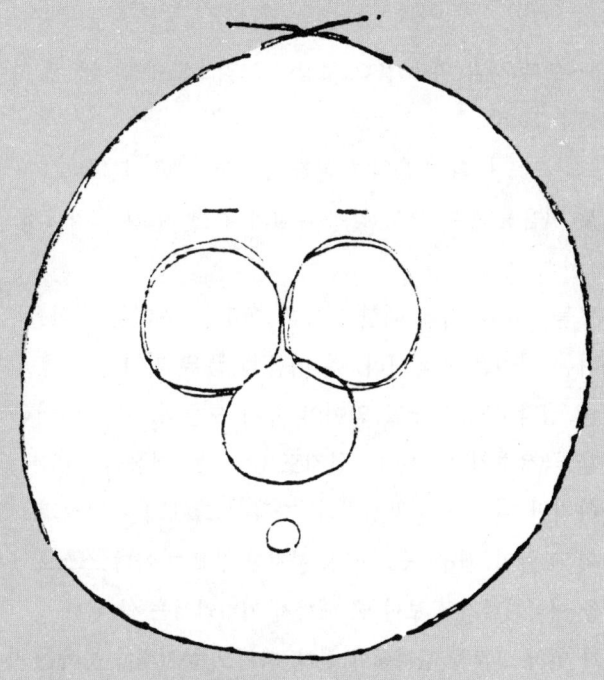

20세기의 인류에게 가장 무서운 정신병은 공허감이다.

하나님께서 우리의 마음에 대해 이렇게 많이 언급하신 것은
정말 놀랍지 않은가?

"…모든 생각(마음)을 사로잡아 그리스도에게 복종케 하니"
(고후 10:5).
"그러므로 너희 마음의 허리를 동이고"(벧전 1:13).
"두 마음을 품어 모든 일에 정함이 없는 자로다"(약 1:8).

부모들이여, 자녀에 대한 인내와 이해는 위대한 결과를
낳는다는 사실을 명심하라. 두 마음을 품은 자녀는
무엇을 생각하고, 누구를 믿어야 할지 모른다. 그는 이러한
갈등을 극복하기 위해 아무렇지도 않은 듯 행동하고 모든 것을
거부하지만 여전히 불안정하다. 따라서 그에게는 가정과
부모의 역할이 매우 중요하다. **하지만 부모는 자녀 스스로
갈등을 이야기하거나 보여 줄 때까지 기다려서는 안 된다.
부모가 먼저 그것을 간파해야 한다. 자녀도 눈치채지 못하는 사이에
그것을 이해할 수 있어야 한다.**

나는 여기서 특별히 좋아하는 두 성경 구절을 소개할까 한다.
"주께서 심지가 견고한 자를 평강에 평강으로 지키시리니…"
(사 26:3).
"너희는 이 세대를 본받지 말고 오직 마음을 새롭게 하므로
변화를 받아 하나님의 선하시고 기뻐하시고 온전하신 뜻이
무엇인지 분별하도록 하라"(롬 12:2).

하나님께서는 우리의 마음을 향해 말씀하시지 "심장"에다
말씀하시지 않는다. 우리 몸의 심장은 단순히 펌프와 같은
역할을 한다. 그러나 성경은 "심장"과 "마음"이란 단어를
혼용(混用)해서 쓰고 있다. 따라서 잠언을 읽을 때는
이러한 사실을 염두에 두도록 하라. 아마 당신은 마치 자신에
대한 정신과 보고서를 읽는 듯한 기분을 느낄 것이다.

자녀의 기질

청소년들이 어떠한 사실을 통해 그들의 삶이 변화되었다고
말했을 때, 나는 그것이 다른 사람들에게도 적용할 만한 가치가
있다고 생각했다. 흥미롭게도, 그것은 나의 결혼 생활과
목회 생활에도 많은 영향을 주었다. 그것은 그저 인간의 기질을
네 가지 기본적인 체질로 분류한 것이었다. 우리가 자신을 알고
자신의 행위에 대해 충분히 설명할 수 있다면, 다른 사람,
특별히 청소년들을 더 잘 이해할 수 있으리라고 확신한다.
이제 그 인간의 네 가지 기질을 알아보자.

첫째/다혈질

고대의 연금술사들은 다혈질적인 사람에 대해 신체 조직 내에
과다하게 많은 혈액이 흐르고 있다고 믿었다. 그리고 과다 혈액이
활달하고 외형적인 성격의 원인이 된다고 믿었다.

다혈질의 사람은 사람을 좋아하고 사교에 능하기 때문에
항상 좌중(座中)의 인기를 독차지한다. 그는 또 매우
활동적이어서 동료들 사이에 훌륭한 지도자가 된다.

　하지만 그에게는 몇 가지 약점이 있다. 충동적이며,
자기의 요구에 즉각 응하지 않거나 계획에 끝까지 따라 주지
않는 사람에 대해 인내심이 부족하다. 약속을 잘 하고 그것을
신실히 지키려 노력하지만, 외부의 자극에 쉽게 동요되고
미혹되어 종종 그것을 잊거나 그대로 행하지 못한다.
그리고 잘못에 대해서는 진실한 태도로 사과한다.
다혈질적인 사람은 매우 감정적이다. 깊이 느끼되 감정이
오래 지속되지 않는다. 그러므로 그가 아무리 큰 소리로
운다 해도, 그 슬픔이 오래갈 것으로 기대하지 말라.
그는 방금 장례식에 참석하고도 집으로 돌아오는 길에
농담을 하는 사람이다. 사교성이 뛰어난 다혈질의 사람은
영업 계통으로 나가면 크게 성공한다.

둘째 / 우울질

우울질형은 다혈질형과 대조를 이룬다. 중세 과학자들은
우울질형에 대해 신체 조직 내에 과도하게 많은 "흑담즙"을
가진 자들이라고 믿었다. 그리고 흑담즙이 저들을 내향적이고
소심하게 만든다고 생각하였다. 그들은 매사에 신중하고 실패를
두려워한다. 그들은 주로 혼자 있기를 좋아하며 사람들과

다혈질 　　　　　　　　　우울질

담즙질 　　　　　　　　　점액질

체질을 바탕으로 분류한 인간의 네 가지 기질

어울린다 해도 소수의 절친한 친구들과만 사귀기를 좋아한다.
그들은 두세 사람이 모여 자기를 쳐다보며 이야기만 해도
그들이 자신을 욕하고 있다고 생각한다. 아마 다혈질적인
사람이라면 그들이 자기를 칭찬하고 있다고 좋아할 것이다.

　이러한 체질군에 속하는 사람들 역시 두드러지게
나타나는 단점을 갖고 있다. 그들은 기회가 있어도
그것을 과감하게 붙잡지 못하며 따라서 좀더 진취적인
사람의 독려(督勵) 없이는 일을 거의 추진하지 못한다.
교회 안에서 자신의 무용론(無用論)을 주장하며 교회 일에
불참하는 자들처럼 말이다.
그들은 종종 변덕스럽고 침울함에 빠진다.
그들은 자신을 동정하는 반면, 다른 사람들에 대해서는
대개 매우 비판적이다(잠재 의식 가운데 남의 약점을
들추어내서 자기를 높이려 한다).
그들은 또 변화를 싫어하며 자기가 잘 알고
확신하는 것에 안주하려는 경향이 있다.

　그런데 우울질에 속하는 사람은 진실하고 지속적인 관계를
유지한다. 그는 신실하고 믿을 만하다. 책임을 맡으면
다혈질인 사람들처럼 과시하거나 시선을 의식하지 않고
그것을 매우 성실하게 수행한다. 그는 "어리석은 자도
침묵하면 지혜롭게 보인다"는 격언의 진리를 터득한 자이다.
이러한 체질의 소유자가 그리스도인으로 양육될 때,

견고하고 신실한 성도가 될 것이다.

셋째 / 담즙질

담즙질형은, 고대 연금술사들이 체내에 과도한 황담즙을
갖고 있을 거라고 생각하여 붙인 이름이다. 그리고 과도한
담즙이 저들을 매우 적극적이고 도전적으로 만든다고 추측하였다.
그들은 자신에 대해 높은 기준과 목표를 설정하고 그것을
성취하고자 열심히 노력한다. 그들은 실패에 결코 좌절하지
않는다. 그들은 강한 불굴의 정신을 갖고 있다.
그들은 실패하면 계속 재도전하고 재기한다. 그들은 사업에
실패하여 수백만 달러를 날리고도 투기를 계속한다.
그러므로 이러한 체질을 가진 사람은 운동이나 음악 계통으로
나가면 대성(大成)한다. 그들은 감정적으로 잘 동요하는 편이지만,
다른 사람에게 자기가 베푸는 것 이상을 절대 요구하지 않는다.
대부분의 전쟁 영웅들은 바로 담즙질에 속한다. 그들은 용감하고,
희생적이다. 그러므로 우리에게는 이와 같은 그리스도인이
많이 필요하다. 그들 가운데는 우리에게 감화를 주고 본이 되는
뛰어난 지도자들이 많다.

그런가 하면 담즙질형의 사람은 지나치게 이기적이고
오만한 면이 있다. 그는 자신이 유능하며 지력과 능력이
자기보다 못한 자들에 대해 관용이 부족하다는 것을 안다.
강한 의지와 오만의 소유자인 그는 때로 남에게 도움을

받고 난 뒤에는 그것을 잊는 버릇이 있다. 그에게는
온유함이나 동정심이 부족하며, 다른 사람들의 온유함이나
동정심을 유약함의 결과로 간주한다.

담즙질형의 아버지는 종종 자녀들에게 감정적인 상처를 준다.
그는 완고하고 고지식하며 명령적이고 때로는 몰인정하기까지
하다. 그는 자신의 업무로 가정을 등한시할 때도 식구들에게
자기 입장을 이해하고 수용할 것을 요구한다. 아집은
담즙질형에게서 나타나는 가장 큰 골칫거리이다. 남에게
호의를 베풀 줄 모르며 골프에서 장기 게임에 이르기까지
모든 면에서 전혀 양보심 없이 욕심을 부리므로 사람들이
그를 멀리한다.

넷째 / 점액질

점액질형은 잠액이 과다하게 분비되어 기력이 없는 사람을
가리킨다. 점액질형은 행동이나 생각이 굼뜨고 상황에
개의치 않는 것이 특징이다. 그는 다혈질의 행복하고
낙천적인 세계에서 소외되더라도 전혀 상관없다. 그렇다고
우울질의 어둡고 무거운 모습을 찾아볼 수 있는 것도 아니다.
자기 주장을 과감하게 관철시키지 못하는 점액질형의 주저하는
태도는 주위 사람들까지 안타깝게 한다.

점액질형이 아닌 사람들은 종종 자신들도 그렇게

외부의 자극에 괘념치 않고 태연할 수 있기를 원하면서도,
때로는 점액질인 사람들이 하찮은 것에도 민감하게 반응하는 것을
보고 싶어 그들에게 자극을 준다. 하지만 사실 그들은
남의 말에 귀를 잘 기울이는 자들이다. 그들은 무관심하게
행동하는 것처럼 보이지만 마치 스폰지처럼 다른 사람의 충고를
잘 받아들인다. 그리고 자기의 견해를 거리낌없이 이야기하므로
때로 우리를 놀라게 한다. 그들을 경시하지 말라. 그들에게
자극 주기를 꺼려하지 말라. 만약에 당신의 가족 가운데
점액질형의 사람이 있다면, 당신은 그에게서 훌륭한 인내심을
배우거나 아니면 미칠 듯한 답답함을 느끼게 될 것이다.

  당신은 자신과 자녀 그리고 친구들이 이 가운데 반드시
어느 하나에 속한다는 것을 발견했는가? 물론 그랬으리라
확신한다. 그리고 모든 사람에게는 한 가지 이상의 체질적인
특징이 있다는 사실도 발견했어야 한다. 우리에게는 우세한
기질과 잠재적인 기질이 공존하고 있다. 그런데 "사람은
자기와 대조적인 사람에게 매력을 느낀다"는 말은 진리이다.
우리는 다혈질형의 사람이 종종 우울질형인 사람과 결혼하는 것을
보는데, 그것은 서로가 상대에게서 자기가 동경하고 원하는
장점을 발견하기 때문이다. 대부분의 사람들은 자기가 좀더 크고
날씬하거나 노래를 잘 부르고, 어떤 면에서든 남보다 뛰어나기를
원한다. 우리는 친구나 배우자를 택할 때 부지불식간에
"남의 떡이 더 커 보인다"는 속담에서 벗어나질 못한다.

무엇보다도 당신 자신과 자녀들에 대해 알아야 할 필요가 있다.
그들이 어떤 행동을 할 때 왜 그렇게 하는지 이해하고
당신이 그들에게 취하는 태도는 왜 그런지 이유를 알아야 한다.
십대 자녀들이 당신의 특이한 성격이나 습관 때문에 몹시
시달리고 있음에도 불구하고, 당신이 아이들에게 하듯이
당신에게 화내거나 당신을 방 안에 가두어 놓고 때릴 수도
없다는 사실을 인식하고 참고 인내하는 부모가 되어야 한다.
자녀들이 분명 부모가 잘못했음을 알고 있는데도 그 부모는
여전히 똑같은 존경심과 순종을 요구한다. 인간의 기본적인
체질에 관한 지금까지의 고찰을 통해 당신이 다른 사람을
더욱 잘 이해하고, 그것을 위해 더욱 노력할 수 있길 바란다.

하나님의 사역을 행하는 데는 모든 종류의 사람이 다 필요하다.
심지어는 사도들조차도 서로가 달랐으며, 주님에 대한 견해도
다양했다. 베드로와 요한은 기질적으로 정반대였다. 예를 들어,
요한은 미리 무덤에 가서 기다렸지만 베드로는 시간이 임박해서
달려갔다. 베드로는 말에 능하고 허풍이 세며 진취적이었지만,
주님의 십자가 밑에 끝까지 남은 사람은 요한뿐이었다.
마음속에 이러한 기질들을 의식하면서 복음서를 읽으면 당신은
아주 재미있는 사실들을 발견할 수 있을 것이다. 제자들 중에는
각 체질에 속하는 자가 최소한 한 사람 이상 있다. 마태는
담즙질이었고 마가는 다혈질이었다. 누가는 점액질이었다.
그리고 요한은 우울질이었다. 물론 성령께서 개개인에게
각 체질을 조금씩 다 주시지만, 가장 지배적으로 영향을

미치는 기질이 두드러지게 나타나는 것이다.

어떠한 체질을 막론하고 인간에게 가장 중요한 것이 영적인 것임은 말할 필요가 없다. 많은 부모들은 성공의 기준을 물질에 두고 있다. 그리고 자신과 아이들이 왜 성공하지 못할까 의아해 한다. 인간에게 가장 불행한 것 가운데 하나는 3차원의 인간이 2차원적인 것에서 만족을 찾고자 하는 것이다. 하나님께서는 인간이 아무리 훌륭한 물질적, 지적 업적을 이루었어도 그것에서 만족을 느끼지 못하도록 창조하셨다. 그것은 마치 가장 필수적인 재료를 빼 놓고 요리하는 것과 같다. 온갖 정성을 들인다 해도 제 맛을 낼 수 없다. 제 3차원의 공간은 그리스도만이 채우실 수 있다. 당신의 행동과 온전한 삶의 증거를 통해 자녀에게 이것을 보여 주어야 한다.

당신은 도서실에서 한 시간 공부한 것을 가지고 자신의 지식에 대해 자부할 수 있는가? 또는 음악회장에서 한 시간의 연주를 듣고 자신이 마치 위대한 음악가가 된 양 말할 수 있겠는가? 당신은 체육관에서 한 시간 연습한 것으로 과연 훌륭한 선수가 될 수 있겠는가? 그런데 많은 부모들은 가정과 직장에서 한 주간 내내 그리스도를 멀리하고 성경의 원리를 무시하는 삶을 살면서, 불과 몇 시간 교회에 출석하는 것으로 훌륭한 그리스도인이 되기를 원한다. 하나님께서는 당신이 자녀를 지도하고 사랑하며 훌륭히

교육시키는 것도 중요하지만, 그것은 영적인 것과 비교하면
아주 보잘것없는 것에 불과하다는 사실을 깨닫길 원하신다.
당신의 자녀가 영적으로 불구가 되느니 차라리 육체와
지적인 면에서 불구가 되는 것이 낫다. 자녀의 영적 운명은
거의 부모 손에 달려 있다.

육체의 선한 것으로는 하나님께 나아갈 수 없다.
당신이 다른 사람을 위해 희생하고 재산을 팔아 가난한 사람을
구제하며 천사의 말을 할지라도, 사랑이 없으면 아무 유익이
없다(고전 13장). 이 사랑은 곧 3차원적 동기인 하나님의
사랑을 의미한다.

이성(理性)과 철학적인 지식 역시 우리를 구원해 주지 못한다.
우리는 하나님을 믿고 교회에 출석하며 다른 사람들보다
자기가 의롭다는 것을 발견하나, 그럼에도 불구하고 우리에게는
내적 평화와 영적인 동기가 없다. 우리가 이러한 사실들을
지식적으로 깨닫는 것은 매우 가치 있는 일이지만
깨달음만으로 영적인 삶을 살 수는 없다. 성경은 귀신들도
하나님을 믿되, 그들의 장차 다가올 운명을 두려워한다고
기록하고 있다(약 2:19). 청소년들은 육체와 마음의
만족만으로 결코 내적인 평안을 얻지 못한다.

그리스도는 우리가 가야 할 길이다.
"영접하는 자 곧 그 이름을 믿는 자들에게는 하나님의 자녀가

되는 권세를 주셨으니"(요 1:12).
예수 그리스도를 믿는 것과, 믿고 영접하는 것 사이에는
영생을 보장받는 놀라운 차이가 있다. 우리가 그리스도를
개인의 구주로 영접할 때, 그분은 더 이상 세상의 구주만이
아니시다. 나는 그분께서 나의 약점과 고통과 절망적인 상황에
관심을 기울이신다는 사실을 알기에 그분을 의지한다.
그렇게 될 때 나 자신이 변화가 된다. 나의 태도와
의식에 일대 변화가 일어난다. 그리고 나는 깊은 확신과
새로운 능력과 지혜를 얻는다.

우리는 그것을 온전히 이해할 수 없다. 그것은 누구나
마찬가지이다. 나는 컴퓨터나 인공위성 심지어 전기에
대해서조차 아무런 지식이 없다. 하지만 나는 결과를 통해
그것들을 믿는다. 완전한 대상에 대한 믿음이 결과를 낳고
그 결과는 계속 또다른 결과를 낳는다….

당신의 십대 자녀는 독립된 인격체이며 기질과 사고 방식이
당신과 다르다. 그는 스스로 만족치 못하고 문제의 해결책을
찾지 못하는 자신의 무능력과 무지에 종종 당황한다.
당신의 자녀는 의식적이진 않더라도 당신을 지켜 보고 있으므로
당신이 자녀의 삶에 끼치는 영향은 대단한 것이다.
더욱이 그가 십대의 청소년이거나 혹은 청년기에 있을 때,
당신의 인격과 행동은 백 마디 말보다도 더 큰 위력을 갖는다.
그러므로 자녀에게 인격적으로 매우 성숙되고 관대하며

제 3차원적인 모습의 본을 보이도록 하라.

예수께서는 요한복음 14장 6절에서 "내가 곧 길이요(인도와 가르침이 필요한 육체적인 면에서), 진리요(지적인 면에서), 생명이니(영적인 면, 곧 이 세상에서의 풍성한 삶은 물론 영원한 세상에서의 삶을 위해)"라고 말씀하셨다. 이 얼마나 기쁘고 힘을 주는 말씀인가!

③

"너, 지금
반항하는 거니?"

"무조건
윽박지르지 말아요."

어떤 땐 나도 모르게 화가 나요.

사전을 보면 『반항』을 "정부나 국가의 법에 무력으로 맞서고…모든 권위에 대항하기 위한…조직적인 저항 행위"라고 풀이하고 있다.

그러면 이러한 정의(定義)가 오늘날의 청소년들에게도 그대로 적용되는가? 아니면 우리는 그들의 반항을 "변화"나 "억압에 대한 반작용" 혹은 "성숙"으로 보아야 하는가? 당신의 생각은 어떤가? 그들에게 자신을 위해 무엇을 요구한다거나 투쟁이라도 할 만한

권리가 있는가? 아니면 당신처럼 투표권을 행사하고
세금을 납부할 때까지 기다려야 하는가?
당신은 21세의 아들이 군복무를 마치기도 전에
20세 처녀와 결혼하는 것을 허락하겠는가?

그리스도인은 TV나 영화의 외설물에 적극적으로 "반대해야"
하는가? 당신은 성 교육을 반대해 왔는가?
예수님의 다음과 같은 행동은 반항이라 할 수 있는가?

"그 부모가 해마다 유월절을 당하면 예루살렘으로 가더니 예
수께서 열두 살 될 때에 저희가 이 절기의 전례를 좇아 올라
갔다가 그 날들을 마치고 돌아갈 때에 아이 예수는 예루살렘
에 머무셨더라 그 부모는 이를 알지 못하고 동행 중에 있는
줄로 생각하고 하룻길을 간 후 친족과 아는 자 중에서 찾되
만나지 못하매 찾으면서 예루살렘에 돌아갔더니 사흘 후에 성
전에서 만난즉 그가 선생들 중에 앉으사 저희에게 듣기도 하
시며 묻기도 하시니 듣는 자가 다 그 지혜와 대답을 기이히
여기더라 그 부모가 보고 놀라며 그 모친은 가로되 아이야 어
찌하여 우리에게 이렇게 하였느냐 보라 네 아버지와 내가 근
심하여 너를 찾았노라 예수께서 가라사대 어찌하여 나를 찾으
셨나이까 내가 내 아버지 집에 있어야 될 줄을 알지 못하셨나
이까 하시니 양친이 그 하신 말씀을 깨닫지 못하더라 예수께
서 한가지로 내려가사 나사렛에 이르러 순종하여 받드시더라
그 모친은 이 모든 말을 마음에 두니라 예수는 그 지혜와 그

키가 자라가며 하나님과 사람에게 더 사랑스러워 가시더라"
(눅 2:41~52).

우리는 여기서 청소년기의 반항에 대해 살펴보고자 한다.
한 가지 유의할 점은 결과의 배후에 숨어 있는 원인과 이유를
면밀히 탐구해야 한다는 것이다.

청소년기의 반항

일반적으로 사람에게는 네 살과 열두 살 무렵 그리고 청소년기에
반항기가 나타나는 것이 정상이다. 아이는 인격적으로 성숙해
감에 따라 자기의 권리를 주장하고, 자기가 부모를 존중하는
만큼 부모 역시 자기를 존중해 주기를 원한다. 그에게는
주관(대개는 부모와 반대인)이 형성되며, 자기 스스로
결정할 권리를 주장한다. 따라서 아이는 고집을 세우고
반대 의사도 표하는데 그때마다 으레 야단을 맞는다.
그런데 이 때 나타나는 반항의 정도와 범위는 부모가 어떻게
반응하느냐에 따라 크게 좌우된다.

만약 당신이 자녀들에게 감정적으로 반응하고, 이처럼
자연스러운 현상을 마치 자기의 권위와 명령에 대한 도전으로
간주할 때, 자녀들과의 마찰은 거의 불가피하다.
나는 오늘날 청소년들이 보이는 반항과 갈등의 주된 원인이 바로

부모들의 미성숙한 반응 자세에 있다고 생각한다. 부모는 자녀와
경쟁하려 해서는 안 된다. 그러므로 한 발짝도 양보하지 않고
자기 주장만 고수해서 논쟁에 이기려 하지 말라. 그러면 자녀의
마음속에 반항심만을 부추기며, 따라서 부모와 솔직하고
진지한 대화를 할 수 없게 된다. 아집은 사랑을 식게 하므로
두 사람 사이의 관계는 더욱 소원(疏遠)해지고 마침내는
파국으로 치닫게 된다.

　　물론 모든 잘못이 부모들에게만 있는 것은 아니다.
하지만 그들이 권위적이고 자기 방어적인 것만은 사실이다.
우리는 모든 상황에 반대적인 측면이 있음을 간과하는
경향이 있다. 따라서 우리는 한 가지만을, 자기가 옳다고
생각하는 것만을 고집해서는 안 된다.

자녀들의 입장에서 그들을 이해함

아주 비논리적으로 들릴지 모르지만, 당신의 청소년기의
경험을 바탕으로 십대들을 판단하려 하지 말라.
"나는 네 나이 때는…했는데"라는 식으로 결코 말하지
말라는 것이다. 아마 그들은 당신의 어린 시절 이야기를
이해할 수 없을 것이다. 때로 대화가 원만한 가정에서는
아이들이 부모에게 그들의 과거와 그것에 얽힌 흥미로운
이야기에 관심을 갖고 들려 달라고 조르기도 하는데,

이것은 가족간에 상호 존중과 이해가 공존하고 있음을
보여 주는 바람직한 증거이다. 그렇다고 해서 행동과 교육에
대한 부모의 생각을 과거에만 국한시켜서는 안 된다.
나이란 상대적인 것이다. 부모의 견해를 시대에 뒤떨어지게
만드는 결정적인 요인은 백발(白髮)이 아니라 사고 방식이다.

　　나는 처음 해외에 나갈 때 딕 힐리스 박사로부터
아주 귀중한 충고를 들었다.
"그들의 언어를 배우고, 풍습을 익히시오. 그리고 그들이
단지 당신과 다를 뿐, 잘못되지 않았다는 것을 명심하시오."
나는 이러한 교훈을 부모들에게도 적용하면 어떨까 생각한다.
이것은 부모가 아이들의 유행어나 그들의 옷차림을 따라하고
그들처럼 행동할 것을 말하는 것이 아니다. 오늘날 자녀들에게
일어나고 있는 현상을 파악해 그 원인을 찾아내도록
노력해야 한다는 것이다.

　　아이들의 말을 흘려 듣지 말고 그들의 말하는 방식에
대해서도 꾸짖지 말라. 그들이 의도하는 바가 무엇인지
이해하도록 하라. 당신의 습관과 사고 방식이 당신 자신과
동시대인들에게 극히 자연스럽고 의미 있는 것처럼 아이들도
마찬가지이다. 그들이 어떤 음악을 즐기는지 물어 보라.
음악 소리가 너무 크다고 나무라며 쫓아내지 말라.
그렇다고 당신이 그들의 음악을 배우기 위해 일부러 그것을
좋아할 필요까지는 없다. 혹, 곡조가 매우 아름다워

당신의 마음에 드는 것도 있을지 모른다.

　되도록 여러 가지 일에 자녀들의 의견을 참고하라.
당신이 그들의 뜻에 세심한 관심을 갖고 있다는 것을
인식시키라. 아마 그들의 생각이 달라질 것이다.
그렇게 할 때 당신을 존중하고, 그들이 확신하지 못하는
문제에 대해 당신의 결정을 따를 것이다. 바꿔 말하면,
그들이 스스로 결정할 수 있는 것은 그들에게
맡기라는 것이다. 당신은 어린 시절부터 익혀 온
훈계와 삶의 방식과 영적 원리들을 적용시켜야 한다.
그러나 바로 이 점에서 많은 부모들이 실패한다.

　비록 부모들이 나름대로 최선을 다하고
다른 부모들은 더 엉망이라고 말하며 스스로 위안을 삼지만
그들이 갖고 있는 자녀 교육에 대한 불확신감은
마치 두 개의 코를 가진 사람처럼 우습게 보인다.
그들은 지난날의 실수를 만회하고자 자녀에게 매우 엄격하고,
억압적이며 강경하게 대하지만, 대개의 경우 이미 때가
너무 늦었다. 그러나 진정 당신이 최선을 다하고 하나님을
의지했다면, 당신은 지금 그것들을 모두 시험할 수 있을 것이다.

　여기서 한 가지 사례를 소개할까 한다. 최근 나는
한 여선교사와 대화를 나눈 적이 있는데 그녀에게는
고등학교 다니는 딸아이가 있었다. 그 딸은 새 학교에서

친구들을 사귀는 것 때문에 고민을 하게 되었다.
그 아이는 친구들로부터 인정받고 그들과 어울리고
싶었던 것이다. 자기가 문제아들과 함께 어울린다는 것이
꺼림칙하긴 했지만 그녀는 곧 엄마에게 자기의 치마 길이를
짧게 만들어 주고, 약간의 화장도 하게 해 달라고 부탁했다.
분별력이 뛰어난 엄마는 딸이 선택의 문제를 놓고
갈등하고 있음을 알아채고는 지혜롭게 그것을 허락했다.
딸아이는 짧은 스커트를 입고 눈에는 적당히 화장을 하였다.
그러나 이러한 결정은 스스로 판단할 나이가 되었음을
의식한 십대 소녀가 내린 것이다. 만약 그때 엄마가
딱 잘라 거절했다면, 딸아이는 이 문제에 대해
반항심은 물론 그 이상의 나쁜 감정도 가졌을 것이다.

　당신이라면 어떻게 했겠는가? 그 아이가 선교사의 딸이기
때문에 남들과 달라야 한다고 말했겠는가? 그녀는 이미
그것을 알고 있었으며, 물론 일상 생활 가운데 그것을 항상
의식하고 있었다. 아니면 "안돼"라고 핀잔을 주며, 딱 잘라
거절했겠는가? 만약 그랬다면, 당신은 무언 중에 반대할 아무런
근거도 제시할 수 없다는 것을 보여 주었을 뿐이다.
또 벌컥 화를 냈다면 결국 당신이 염려한 것은 딸 하나도 제대로
키우지 못한다는 교인들의 비난이었음을 드러낸 것이다.

　오늘날 청소년들의 반항 행위는 대체적으로 적극적 반항과
소극적 반항, 두 가지로 분류되고 있다.

반 항		
소극적 반항		**적극적 반항**
음 악		음 주
유 행		흡 연
장 발		섹 스
영 화		범 죄
	춤	

　이러한 분류에 대해 좀더 세밀한 잣대를 들이대는 사람들도
있다. 영화 관람과 춤을 적극적인 반항으로 간주하는가 하면
그것을 소극적인 반항에 포함시키는 사람도 있다. 중요한 것은
우리가 적극적 반항에 속하는 것들에 너무 민감하게 반응한
나머지 자녀와 그들의 반항을 심각한 문제거리로 취급해서는
안 된다는 것이다. 뿐만 아니라 우리는 아이들을 우리 마음대로
다루려 해서도 안 된다.

　무엇을 하지 않거나 어디에 가지 않는 유일한 이유가
부모나 혹은 목사님이 해서는 안 된다고 말했기 때문이라고
대답하는 무비판적인 그리스도인들을 보아 왔다. 그와 같은
기계적 행위는 미지근한 그리스도인의 신앙 생활에서도 나타난다.
어른들은 청소년들에게 자신들의 합리성과 편의 및 안전성 위주로
결정을 내릴 뿐, 예수 그리스도의 관점에서 판단한 적이
없으며, 그것은 앞으로도 마찬가지일 것이다.

훌륭한 그리스도인 가정에서 자란 청소년들 가운데도 순종보다 반항적인 태도를 보이는 아이들이 있다. 그들은 순종하지 않는 원인을 하나님과 지나치게 엄격한 부모 그리고 교회 탓으로 돌리며, 그들의 잘못을 실수로 정당화한다. 부모들은 불순종하는 자녀들도 많은 불만을 갖고 있으리라는 것을 전혀 의식하지 못한 채 자기들의 속상한 마음만 털어놓는다. 만일에 그들의 지나친 간섭과 영적 교육이 자녀에게 혐오감을 주었다면, 그 아이들은 외롭고 마음의 평안을 원할 때도 부모가 믿는 하나님께 나아가려 하지 않을 것이다.

집안은 의도적으로 종교적 분위기로 가꾸어 나가는 데 힘쓰지만, 딸이 짧은 미니 스커트를 입는다거나 아들이 머리를 기르는 것에 대해 엄격히 금하는 가정들이 있다. 불행하게도 그런 가정에서 자란 아이들은 속박감에 시달리며 매사에 반항적이기 일쑤다.

부모들이여, 융통성을 가지라. 불법이거나 비윤리적이지만 않으면, 자녀에게 판단의 자율권을 주라. 행여 그들이 순간적으로 그릇된 선택을 할지라도, 그들은 그것을 통해 많은 것을 배우고 더욱 성숙하게 될 것이다. 대개의 그리스도인 청소년들은 우리가 상상하는 것 이상의 높은 가치관을 갖고 있다. 따라서 그들이 어려운 선택의 문제에 직면해서 반드시 그릇된 판단을 하리라는 식의 비관적인 태도는 버리라. 나는 그들에게 어떠한 결정권을 주었을 때, 그들이 매우 현명하게 판단하는 것을

자주 목격하였다. 다만 당신은 성령께서 그들을 인도해 주실 것을
믿는다고만 말하라. 그들과 당신이 함께 성령을 의지할 때
더 이상 바랄 것이 없다.

"자녀의 생각이 부모의 생각과 다르다고 해서 반드시
잘못된 것은 아니다"라는 말을 기억하라.

나는 어느 가정을 방문한 적이 있었는데 마침 대학교 1학년인
그 집 아들이 어떤 문제에 대해 얘기하는 것을 듣게 되었다.
그의 의견은 모순 투성이요, 논리적 근거가 전혀 없었다.
따라서 나는 그의 아버지가 어떻게 답변할 것인지 궁금했다.
다행히도 그는 내 앞에서 자기 아들을 다른 곳으로 데려가지
않았다. 그는 자기가 수긍하는 부분에 대해서는 긍정을 표했지만,
동시에 자신의 주장을 명확하게 밝혔다. 그는 아들의 의견을
존중했지만 자신의 견해도 아울러 인식시켰다. 당신은 자신이
동의하지 않는 것에 대해 그것을 수용하고 받아 주는가?

반항기의 청소년들에게는 특별한 지침과 판단 기준,
훈육이 필요하다. 그러나 훌륭한 가치관을 심어 주는 것은
무엇보다 훨씬 중요하다. 이중 인격적인 아버지들은 자녀에게는
영화 보는 것을 금하면서, 자기는 포르노성 성인 영화를 즐긴다.
아버지의 이중적 태도를 경험한 아이는 아버지의 명령을
무시해도 된다고 생각한다. 언행에 일관성을 보이라.
그리고 어떤 규범이나 기준이 모든 사람에게 동일하게
적용되지 않는다는 사실을 기억하라. 어린아이는 각자 개성이

자녀의 생각이 부모의 생각과 다르다고 해서 반드시 잘못된
것은 아니다

다르다. 그러므로 교육도 각각 다르게 실시되어야 한다.

기도와 성경 공부, 그리고 신앙적인 대화의 본을 보이라.
수입의 일정한 부분을 헌금하고, 하나님의 축복에 대해
감사함으로 그분을 기쁘시게 하는 본을 보이라.
자녀에게 하나님의 무한히 거룩한 성품을 깨닫게 하라.
하나님께서 우리의 삶 가운데 어떻게 관여하시며 어떻게
계시하시는지 보여 주라. 그리고 영적 생활은 정체하거나
인습적인 것이 아닌, 성장하며 창조적인 것임을 깨닫게 하라.

나는 최근에 한 가정이 상당 기간 망설이다가 결국은
교회를 옮겼다는 소식을 들었다. 그 이유는 아이들의
불평 때문이었는데 그 교회엔 청소년들을 위한 프로그램이
진부할 뿐만 아니라 담임 목회자까지도 고루하다는 것이다.
아마 내가 그 부모였더라도 자녀를 위해 당장 교회를
옮겼을 것이다.

나는 기독교 계통의 방송과의 인터뷰에서, 오늘날 청소년들에게
대화의 장을 열어 놓고 있는 교회가 거의 없으며, 조사에 따르면
청소년들이 기독교를 자기들과 무관하다고 믿는 것으로 나타나는
이유가 무엇이라고 생각하느냐는 질문을 받은 적이 있다.
나는 그때 그것의 일차적인 이유가 무관심하거나 겁 많은
목회자들 때문이라고 대답했다. 내 대답 때문에 많은 교역자들이
놀랐을 것이다. 대부분의 목회자들은 범죄와 섹스, 음주 등에 대한

무서운 통계치를 인용하고, 로마서 1, 2장을 자주 읽으며, 비유를 통해 거룩하고 성결한 삶과 그에 따른 축복을 강조하며 서재에 들어가 헬라어 신약성경을 연구한다.

몇몇 교역자들은 청소년들을 위해 주일 오후 예배가 의미 있는 시간이 되도록 프로그램에 변화를 주고자 하지만 반대하는 부모들 때문에 감히 시도하지 못한다. 청소년을 위한 설교는 매우 성경적이며, 교리적으로 합당하지만, 청소년들에 대한 목회자의 지식이 순전히 이론적인 연구를 통해서만 터득된 것이라면 그 설교는 정작 청소년들이 원하는 것이 무엇인지도 모르면서 그들에게 이러이러한 것이 필요하다고 강요하는 식이 될 수밖에 없다.

따라서 나는 목회자들에게 과거의 율법주의와 전통을 과감히 타파할 것을 촉구한다. 그리고 청소년들과 폭넓은 대화를 나누며 그들의 의견에 귀기울일 것을 당부한다. 부모들은 권위주의와 자기 방어의 벽을 무너뜨려야 한다. 그리고 자녀들을 진정으로 이해하고자 노력해야 한다. 당신의 마음을 터놓고 자녀들에게 그들을 이해하고자 한다는 것을 말하라. 그들의 반항심은 사라질 것이다.

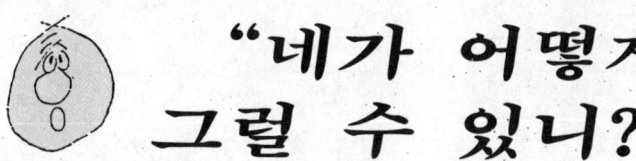

"네가 어떻게
그럴 수 있니?"

"난 나지, 엄마나
아빠가 아니라구요."

우린 엄마, 아빠와는 다르다구요.

어른들은 청소년들을 무조건 부정적인 시각으로 바라보고, 그들을 과격하고 급진적인 혁명 집단으로 간주하는 경향이 있는데, 이것이야말로 왜곡되고 편협한 견해이다.

대부분의 설문 조사에 따르면 우리 사회에 존재하고 있는 급진적인 혁명 세력은 3퍼센트 이하에 불과하다고 한다. 그렇다면 나머지는, 물론 그들이 많은 것들에 대해 견해를 달리하고 있지만, 문제를 평화적이고 합리적인 방법으로

해결할 수 있다고 믿는 자들임을 의미한다. 언론 매체는
이처럼 사람들의 흥미를 자극하는 통계 발표를 통해 대중을
현혹시키는 기사(記事) 거리를 만들어 내고 있다.
하나님, 부모, 애국심 등에 대한 기사는 사람들의 관심에서
사라진 지 이미 오래다.

　비록 청소년들이 그들의 부모를 존경한다 할지라도
그들 가운데 약 70퍼센트는 자기들의 부모와 다른 삶을
살기 원한다. 먹을 것 못 먹고 입을 것 못 입고
아둥바둥 절약해서 살기보다는 쉽게 벌어서 번 만큼
즐기겠다는 것이 청소년들 대부분의 가치관이다.

　국권(國權)의 수호를 위해서라면 전쟁도 불사해야 하는가?
오늘날 젊은이들 가운데 그렇다고 믿는 사람은 30퍼센트에
불과하며, 종교야말로 진정 중요하다고 생각하는 자들은 그들
가운데 절반도 안 된다. 그런데 청소년들 사이에서 형성되는
가장 큰 비주류(非主流)는 학교 중퇴자가 아닌 정상적인 교육을
받은 자들로 이루어진다. 이 사실은 그러한 문제의 주된 원인이
대학 교수나 교과 과정에 있지 않나 하는 의구심을 일으킨다.

　그러나 이 시점에서 중요한 것은 책임 소재를 누구에게
돌리느냐 하는 것이 아니다. 그러한 것은 전혀 무의미하다.
부모들이여! 이것을 명심하라. 당신은 자녀와의 논쟁에서
아이들의 기를 꺾으면서까지 이길 수가 있다. 하지만 그럴수록

어른들은 청소년들을 무조건 부정적인 시각으로 바라보고, 그
들을 과격하고 급진적인 혁명 집단으로 간주하는 경향이 있
다.

자녀는 부모에 대한 존경심을 갖지 못하며 문제가 생기더라도
대화를 나누려 하지 않을 것이다.

　우리는 "교육의 차이"에 대해서는 거의 언급하지 않거나
논쟁을 피하고 있다. 이것이야말로 어떤 면에서는 세대차보다
더 큰 괴리감을 조성한다. 청소년들은 돈이 좋은 것이지만,
그것을 가장 중요한 것으로 생각하지는 않는다. 그런데
저들의 부모는, 자녀의 성공을 그가 얼마나 많은 돈을 벌며
얼마나 많은 재산을 소유하고 있느냐의 여부로 평가한다.
한 지붕 아래서 벌어지는 견해 차이는 이루 헤아릴 수도 없다.

　예를 들어, 아들은 사회에서 소외된 자들과 함께하며 그들을
돕기 원하기 때문에 장차 사회 사업에 종사하려 한다. 그런데
아들이 받게 될 봉급 액수를 들은 아버지는 대노(大怒)하거나
아니면 그가 정신 이상이 있는 것은 아닌지 심각하게 의심한다.
"지금까지 피땀 흘려 일해서 대학까지 가르쳐 놓았더니
고작 하는 것이 굶어 죽을 짓이나 하느냐?"
『그것은 아버지가 잘 모르시는 거예요(이것은 청소년들이
부모와 대화가 안 될 때 으레 하는 말이지만). 제가 원하는 것은
돈이 아닙니다. 그것은 사회와 기성 세대로부터 버림 받은 자들을
돕는 것입니다』("도와주다", "사랑하다", "긴밀한 유대 관계를
유지하다" 등의 단어는 오늘날 매우 유행하고 있는 말로,
종종 어떠한 특정 단체에서 마치 자기들의 실천 강령처럼
주장하는데 우리는 그들이 실제 이것을 행하고 있는지

주목할 필요가 있다).

대학 교육을 받지 못한 부모들은 대개 자녀가 대학에
들어가기를 열렬히 희망한다. 하지만 일단 대학교 1, 2학년의
자녀를 둔 부모들은 특별한 관용과 인내심을 가져야 한다.
그들에게 교육은 도전의 기회가 아닌 하나의 필요악이 되었다.

이러한 사실들과 다음의 조사 결과들은 우리에게 교회 프로그램
변화의 시급함을 지적해 준다. 우리는 청소년들의 목소리에 귀를
기울이지 않은 채 마치 모든 것이 잘되고 있는 줄로 착각하고
있다. 다음의 조사는「미국 복음주의 자유 교회」(Evangelical
Free Church of America, 아주 보수적인 교단)의 교육부에서
실시한 것이다. 여기에 발췌된 내용은 복음주의 자유 교회의
허락을 얻어 거기에 내 견해를 덧붙인 것이다. 질문엔 "긍정"과
"반대" 그리고 "잘 모름"의 세 가지로 답하게 되었다.

- E.F.C.A.(미국 복음주의 자유 교회)의 교인이 되려면 회심(回心)
  은 필수 조건이어야 한다.   — 93%가 긍정
  (이것은 그들이 철저히 복음적이고 성경적인 집단임을 나타
  낸다.)
- 사역자나 선교사가 되기 위해서는 반드시 소명을 받아야 한다.
                                           — 26%가 긍정
  (이런 사실에서 청소년들 가운데 74%가 "소명"에 대해 무
  지하거나 그것을 부인하고 있다는 사실을 알 수 있다.)

- 그리스도인에게 춤은 용납될 수 없다.   − 25%가 긍정
- 그리스도인은 극장이나 영화관에 가지 않는다.   − 16%가 긍정

  (성경 세미나에 참석한 100명의 그리스도인 청소년들을 대상으로 이것에 대한 조사를 실시한 결과 두 사람만이 극장에 가지 않는다고 응답했는데 그들은 한 형제였다. 오늘날의 부모들은 자녀들이 좋은 영화를 선택할 수 있도록 도와줘야 한다. 아마 이것은 그리스도인의 행동에 대한 개념 변화를 완전히 용납하지 않지만 부분적으로 수용하는 예가 될 것이다. 나는 극장에 가는 것 자체가 우리의 신앙을 약화시킨다고 생각하지 않는다. 편협하고 율법적인 신자는 분명히 관대하지 못하며, 따라서 전도의 열매를 거둘 수가 없다. 그것은 결코 바람직한 방법이 못 된다.)

- 그리스도인은 서로가 아무리 사랑할지라도 불신자와 결혼해서는 안 된다.   − 62%가 긍정

  (이것은 젊은이들이 매우 뛰어난 지각과 분별력을 갖고 있음을 보여 주는 좋은 예가 된다. 그들은 무분별하거나 경솔하지 않으며, 그러한 결합이 초래할 뻔한 결과들을 알고 있다.)

- 이성 교제는 오직 한 사람과 해야 한다.   − 55%가 긍정

  (최근에 목회자, 부모 그리고 이른바 "청소년 문제 전문가"라고 하는 사람들이 이러한 원칙을 무시하고 있다. 하지만 그들은 청소년들의 의식에 큰 영향을 주지 못했다. 이것은 청소년들이 비교적 전통적인 이성관을 고수하고자 노력하고

있음을 보여 주는 예이다.)

- 어려운 문제에 대해 부모와 상의한다.   - 18%가 긍정
- 부모의 영적 생활을 존경한다.   - 52%가 긍정

（이 두 가지 응답은 전체 조사에 대한 답변을 가장 잘 반영
해 주고 있다. 그리스도인 청소년들 가운데 18%만이 그들의
문제를 부모와 자유롭게 이야기하고 있다는 것은 대화의 단
절이 매우 심각함을 보여 주는 증거이다. 나는 부모가 먼저
대화의 문을 열어야 한다고 확신한다. 청소년들의 문제에 대
한 우리의 성숙과 체험 그리고 무엇보다도 그것의 인식에는
대화가 필요하다.)

- 매일 성경을 읽는다.   - 90%가 부정
- 그리스도와의 좀더 살아 있는 교제를 간절히 사모한다.
                             - 70%가 긍정
- 하나님께서 나의 생애를 통해 이루고자 하시는 것이 무엇인지 알
고 있다고 확신한다.   - 20%가 긍정
- 십일조 생활을 한다.   - 23%가 긍정
- 출석하고 있는 교회의 목사님을 존경한다.   - 70%가 긍정

- 중요한 문제에 대해 목사님과 상의한다.   - 17%가 긍정

（이것 역시 청소년들의 의식 세계를 보여 주는 예이다. 우리
가 인정하는 것과 수용하는 것을 구분하는 것처럼, 청소년들
역시 마찬가지이다. 그들은 목회자를 하나님의 종으로만 존

경할 뿐 자기들의 친구로는 신뢰하지 않는다. 나는 목회자들이 과거의 완고한 태도를 버리고 기도하는 가운데 우선 순위를 재평가하기 바란다. 기성 세대에 대한 목회자들의 역할이 아무런 성과나 영적 결실을 가져다 주지 못했다. 그러므로 지금은 청소년을 그들의 최우선 순위로 삼아야 한다는 것을 깨닫길 바란다.)

● 성(性)에 대해 성숙한 그리스도인과 유익한 대화를 나누기 원한다.   ─85%가 긍정

(이것은 성 교육이, 설문의 응답률이 여실히 보여 주고 있는 것처럼, 성 문제 특별히 성의 도덕적인 측면에 대해 아무런 도움을 주지 못했음을 시사한다. 미국의 공립 학교에서 신앙 교육과 기도가 금지된 이후 교육 전문가들은 한 가지 불가능한 사실을 발견했는데, 그것은 도덕이 결여된 성 교육을 실시하는 것이다. 하나님이 계시지 않는 곳엔 도덕이란 것이 없다. 청소년들이 은밀한 장소나 잡지를 통해 쉽게 외설물을 접하게 되는 것이 단적인 증거다. 나는 만약 청소년 담당 지도자나 목회자들이 매주 일정한 시간을 정해 그들과 대화를 나눈다면, 그들의 반응에 매번 당황하게 될 것이라고 확신한다.)

● 교회는 지금까지 내 인생에 가장 커다란 영향을 주었다.
                                          ─11%가 긍정

(부모들이여, 만약 지금까지 당신의 자녀가 교회 생활만을 통해 훌륭한 그리스도인이 될 수 있다고 잘못 생각해 왔다

면 이러한 답변이 당신에게 특별한 관심을 불러일으켰을 것임에 틀림없다. 청소년들에게 가장 큰 영향을 주는 것은 가정이며, 부모가 곧 그들의 가정이다.)

- 교회의 하계 수련회는 내 생애에 커다란 영향을 준 것들 가운데 하나이다. ─ 70%가 긍정

(이러한 지표는 우리가 모든 청소년들, 특히 전도 대상자들을 하계 수련회에 참여하도록 권하는 것이 매우 중요하다는 것을 보여 주고 있다. 아마 우리가 교회에 바치는 헌금 가운데 물질적인 목적에 사용되는 것이 영적 목적을 위해 쓰이는 것보다 많을 것이다. 나는 사람들이 종종 다음과 같이 말하는 것을 듣는다.

"어제 주일학교에는 몇 명이나 모였어요? 천 명요! 대단하군요! 주님께서는 정말 놀랍게 축복하고 계시군요, 그렇죠!"

하지만 반드시 그렇다고만 볼 수가 없다.

"우리는 최근에 교회 증축 계획을 마쳤습니다. 주님께서는 우리를 얼마나 축복하고 계신지 몰라요."

당신은 언제부터 눈에 보이는 것들로 영적 열매를 평가하고 있는가?

나는 교회의 재정과 노력이 마땅히 쓰여져야 할 곳에, 예를 들어 주일학교 운영이나 구제비에 쓰인다면 굳이 반대하지 않는다. 그러나 우리는 지금까지 교회의 겉모습 치장에만 지나치게 신경을 쓰다 정작 중요한 것은 잃고 말았다. 우리

는 효과적인 전도를 위해 40미터 높이의 네온으로 장식된 종탑을 세우고, 전도지를 나눠 주며, 특별 집회를 가져 왔다. 그럼에도 불구하고 사람들이 교회에 나오지 않는 것은 우리가 그들을 찾아가지 않음으로 자기들에게 무관심하다는 것을 저들이 알고 있기 때문이다.

대도시에서 주위 1km 이내를 둘러보라. 부동산 가치가 수십억 원 이상 나가는 교회를 최소한 하나 이상 발견할 수 있을 것이다. 그 건물들은 주일날 하루 대여섯 시간(교회에 따라서는 두 시간밖에 사용하지 않는 곳도 있음), 수요일 두 시간, 중·고등부 학생회에 두 시간, 여전도회와 남전도회에 각각 두 시간씩, 친교 활동에 네 시간, 기타 그 밖의 다른 목적에 네 시간 이상, 결국 한 주의 총 168시간 가운데 기껏해야 18시간 사용되고 있을 뿐이다. 그럼에도 불구하고 우리는 이처럼 거의 사용되지 않는 건물을 위해 수십억 이상을 쓰고 있다. 한 청년이 내게 이것을 지적하며 그 이유를 물었다. 당신이라면 어떻게 대답하겠는가?)

- 교회가 사회 봉사 활동에 참여하길 원한다.　　　－92%가 긍정
- 종종 시험에 빠진다.　　　－96%가 긍정

나는 당신이 이 과를 읽고 오늘날 청소년들의 태도가 변하고 있음을 깨닫고, 그것을 이해하는 데 도움이 되었길 바란다. 이러한 변화가, 대단히 극적이긴 하지만 잘못된 것이 아니라는 사실을 기억하라. 그리고 당신이 만약 그 필요성을 확신한다면,

교회 활동에 적극 참여하여 청소년들에게 실제적인 도움을 주고
사랑으로 다가서려고 노력하라.

그러나 당신의 십대 자녀들에게 가장 커다란 영향을 주는 것은
바로 당신 자신이라는 사실을 깨닫는 것이야말로 무엇보다도
중요하다. 특히 인생의 형성기인 9~19세 사이에, 할 수 있는 한
직업관과 가치관 그리고 신앙관에 대해 확고한 의식을 심어 주라.
이 10년 동안은 장차 그들이 당신과 주님을 기쁘게 할 열매를
거둘 수 있도록 전념해야 할 작은 투자 기간이다.

⑤

 "물론 널 믿지,
하지만…."

 "그런데
뭐가 문제에요?"

정말로 믿고 한번 맡겨주세요.

"**물**론 나는 너를 믿지, 하지만⋯."

모든 부모들이 자녀에게 한 번쯤은 이런 말을 해 본 적이 있을 것이다. "하지만"이란 꼬리표가 붙기도 하고 아예 붙지 않을 수도 있지만 그렇다고 해서 그 숨은 의도가 감춰지진 않는다. 표현되지 않은 메시지가 오히려 더 크고 명확하게 들리는 법이다.

십대의 자녀를 둔 부모 입장에서 이 시기의 아이들을 다루는 것은 신경 과민이나 위궤양이 걸릴 정도로 긴장되고 힘들다.
많은 부모들이 가장 염려하는 것은 "아이들이 이 시기를
무사히 넘겨 줄까?" 하는 것이지만, 부모 자신이 위궤양에
걸리지 않거나 신경 정신과에서 상담받지 않고도 이 시기를
통과하는 것 역시 그에 못지않게 중요한 과제이다.

자녀에 대한 신뢰

마음속에 "믿음"이라는 단어를 새기라. 믿음이란 말은 우리에게
확신을 주는 말이다. 나는 이 말을 좋아한다. 그것은 다른 사람의
고귀한 인격이나 진실성 또는 정직성을 굳게 신뢰하는 확고한
의지를 나타내는 말이다.

　　나는 사람들이 믿음에 대한 글귀가 새겨진 장식판을
부엌이나 거실 등 집안 어디에나 놓고 항상 음미하길 원한다.
　　당신은 십대 자녀들을 믿고 있는가? 나는 자녀를 불신하는
부모에게서 거짓말하는 자녀가 나온다는 진리를 발견했다. 부모의
의심이 실제 사실에 근거하는 경우도 있지만, 대개는 자녀들의
과거 사실이나 친구들의 이야기를 미루어 판단하는 경우가
더 많다. 많은 그리스도인 부모들이 자기 자녀보다도 다른 사람의
말을 더 믿는다는 것은 실로 놀라운 일이 아닐 수 없다.
"증거로서 유죄가 인정되기 전에는 무죄"라는 민주주의의 원리를
적용시켜야 할 것이 있다면 바로 이것이다. 그러나 사람들의

많은 부모들이 가장 염려하는 것은 "아이들이 이 시기를 무
사히 넘겨 줄까?" 하는 것이지만 부모 자신이 위궤양에 걸리
지 않거나 신경 정신과에서 상담받지 않고도 이 시기를 통과
하는 것 역시 그에 못지않게 중요한 과제이다.

실제 경향은 그와 정반대이다.

청소년들은 종종 부모를 깜짝 놀라게 하는 언동을 한다.
예를 들어, 담배에 대한 기사를 읽고 있는 아버지에게 아들이
"아버지, 흡연이 뭐가 그렇게 나빠요? 친구들 중에 담배 피우는
애들이 상당수 되는데요. 화장실 여기저기서 담배 연기가
나요"라고 말한다. 이것은 아이가 아주 능숙한 방법으로 아버지를
시험하는 것이다. 이 때 깜짝 놀란 엄마가 당장 방으로 달려
들어오고, 아버지가 크게 당황한 기색을 보이면, 그는 자기가
부모를 놀려 주었다는 사실에 매우 재미있어 한다. 그런가 하면
그는 부모가 자기를 실제 그 정도밖에 믿어 주지 않는다는
사실에 다소 실망한다.

부모들이여, 우리 한번 솔직히 이야기해 보자. 하나님을
진정으로 의지하지 않을 때, 우리는 자녀 문제로 많은 고통을
겪을 수밖에 없다. 우리는 기도할 때 하나님께 전적으로 맡긴다고
하지만 후에 가서 불안해 하며 자기 뜻대로 행하길 원하는
경우가 얼마나 많은가? 우리는 하나님께 우리가 바칠 수 있는
이상의 것을 드릴 때, 그분께서 우리에게 있어야 할 것을
채워 주시리라고 결코 믿지 않는다. 우리는 스스로 그러한
원리를 믿고 있다고 말하지만, 그대로 행하진 않는다.
우리는 사실 우리의 힘으로 어떻게 할 수 없는 영혼 문제와
하늘 나라, 기도 그리고 영적인 것들에 대해서만 하나님을
의지한다. 이처럼 우리가 거듭날 때 하나님께서 우리에게 주신

훌륭한 신앙이 우리도 모르게 식어 가고 있음을 부인할 수 없다.

**자녀를 신뢰하는 부모가 되기 위해서는 먼저 하나님을 온전히
의지하는 그리스도인이 되어야 한다. 우리는 항상 모든 염려와
소망을 하나님께 맡기고 일상 생활 속에서 자신보다도 다른 사람을
굳게 믿는 훈련을 쌓아야 한다.** 이렇게 하다 보면 자녀를
신뢰할 수 있는 부모가 될 것이다.

청소년들은 누구나 한 번쯤 친구에게 배신당한 경험이 있다.
"이것은 비밀이니까 절대 다른 사람에게 이야기하면 안 돼."
이 말이 누설되는 순간 친구 사이의 우정은 깨진다.
두 사람의 관계는 계속 유지될지 모르지만, 이전과 같은 우정은
결코 회복될 수 없다.
당신의 불신 때문에 자녀가 불안하거나 냉소적인 마음을
갖지 않도록 하라. 이것은 정말 심각한 문제이다.
물론 자녀가 자라면서 당신에게 불순종하고 당신을 실망시킬 때도
있을 것이다. 하지만 마치 큰 죄라도 지은 죄인처럼 취급해
아이의 자존심을 꺾기보다는 훌륭한 인격으로 성장하도록
독려(督勵)해야 한다.

우리는 때로 훌륭한 가정에서 불량 청소년들이 나왔다는 말을
듣는다. 하지만 그것은 거의 불가능한 일이다. 만약 당신이
훌륭하다고 하는 그 가정에 잠시만 있어 본다면, 당신은 분명히
부모들 사이의 정상적이지 못한 관계와 그것 때문에 불만에 찬

자녀들의 모습을 발견하게 될 것이다.

　오늘날엔 가정의 가치가 물질적인 기준으로 평가되고 있다.
그러나 돈이면 모든 것이 가능하다는 황금 만능주의에 사로잡힌
부모의 기대를 아이들은 절대 만족시킬 수 없다.
　그리고 부모가 지식을 가장 중요한 것으로 여긴다면,
자녀는 자신의 능력에 대해 실망할 수밖에 없다.
그는 자기의 유한한 지식으로 무수히 많은 문제의 해결책을
시도하지만 그것이 불가능함을 깨닫는다.

　진정 훌륭한 가정은 부모가 모든 것을 하나님께 의지하고
그분께서 기도에 반드시 응답하신다는 확신을 보여서, 자녀들이
부모의 기도 생활과 신앙을 본받으며 자랄 수 있는 가정이다.
하나님을 의지하되 온전히 믿으라. 그렇지 않다면 자녀들도
하나님을 온전히 의지할 수 있는 분으로 믿지 않을 것이다.

　믿음은 교육을 통해 형성된다. 반면에 의심은 자연스럽게
나타난다. 그러므로 부모와 하나님에 대한 자녀의 믿음이
어려서부터 자라도록 힘쓰라. 그들은 부모의 시야 밖에
있더라도 부모에게 신뢰받고 있다고 느끼므로 함부로
행동하지 않을 것이다.
　또한 믿음은 사실을 아는 것과 경험을 바탕으로 한다.
자녀들과 함께 수칙(守則)을 마련하라. 아주 공평하게 말이다!
자녀들에게 친구들의 귀가 시간을 알아 오게 하고(당신이 직접

나서서 그것을 알아보는 행동은 삼가라) 그들의 말을 그대로
받아들이라. 그리고 규칙을 위반했을 경우 벌칙을 구체적으로
정하고, 그것이 실제 엄격하게 실행될 것을 주지시키라.

하지만 성령의 사역을 훼방하지 말라. 많은 그리스도인
부모들이 자녀의 삶 가운데 나타나는 성령의 역사를 방해하여
그들에게서 성령을 아는 지식을 빼앗고 있다. 그런 부모들은
스스로 자녀를 정죄하고 그들을 지도하며 그들의 기도에
"응답하고" 그들의 의식을 좌우하며 그들에게
자신의 의지를 강요한다.

부모들이여, 당신의 자녀가 좀더 많은 자유를 원하고 있다는
것이 느껴질 때 당신이 할 수 있는 최선의 방법은 당신 자신이
한 발 양보하는 것이다. 당신이 자녀에게 스스로 선택할 결정권을
주어 그가 자신에 대한 책임 의식을 느낄 때, 그는 더욱 강건히
자라 성령의 내적인 역사를 느낀다. 아니면 자기가 아직까지는
부모를 의지해야 하고 스스로 독립하기엔 이르다는 사실을
깨달을 것이다. 그러나 당신이 자녀를 구속(拘束)하려 한다면
결국 반항심만 불러일으키게 된다. 자녀에게 유익한 존재가
되어야지 있으나마나 한 부모가 되어선 안 된다.
어미 새가 둥지에 지나치게 오래 앉아 있으면 마침내는
새끼 새들에게 쫓겨 나게 되어 있다.

자녀에게 당신이 그들을 믿고 있음을 확신시키라.

그리고 필요하다면 자존심을 억누르고서라도 그들을 믿으라.
그러려면 당신은 도움이 필요할 것이다. 그러나 당신에게
그것이 이미 주어져 있다.

> "평안을 너희에게 끼치노니 곧 나의 평안을 너희에게 주노라
> 내가 너희에게 주는 것은 세상이 주는 것 같지 아니하니라 너
> 희는 마음에 근심도 말고 두려워하지도 말라"(요 14:27).

 "네 말을
들어 보자꾸나."

 "제발 절
이해해 주세요."

자식들 입장에서도 생각해 보실 수 있잖아요.

부모들이여, 이제는 입을 다물고 자녀들의 말에 귀기울여야 한다. 우리는 말이 너무 많다. 그리고 유감스럽게도 자기가 말하는 것이 모두 옳다고 믿는다. 다음 대화는 욥기 32장을 인용한 것이다.

"또 세 친구에게 노를 발함은 그들이 능히 대답지는 못하여도 욥을 정죄함이라"(3절).

엘리후는 다른 사람들이 자기보다 나이가 많으므로
그들이 말을 마칠 때까지 기다렸다.

"세 사람의 입에 대답이 없음을 보고 노를 발하니라…나는
연소하고 당신들은 연로하므로 참고 나의 의견을 감히 진술치
못하였노라…날이 많은 자가 말을 낼 것이요 해가 오랜 자가
지혜를 가르칠 것이라 하였으나 사람의 속에는 심령이 있고
전능자의 기운이 사람에게 총명을 주시나니…그러므로·내가
말하노니 내 말을 들으라 나도 내 의견을 보이리라…나는 결
코 사람의 낯을 보지 아니하며 사람에게 아첨하지 아니하나니
…"(5~8, 10, 21절).

대화가 필요한 청소년들

대화는 자녀들과 교제하게 해 주는 교량 역할을 한다.
그러나 언어를 통하지 않는 형태의 대화도 있다는 사실을
기억하라. 사랑하는 사람들은 느낄 수 있다. 얼굴 표정이나
몸 동작이 때로는 수만 마디의 말보다 더 효과적인
의사 표현이 된다.

청소년들은 이러한 사랑의 대화에 민감하게 반응한다.
이 사랑의 표현이야말로 직접적이고 진실하다. 그것은 말보다
훨씬 더 많은 것을 내포한다. 청소년들은 지금까지 거짓말과

부모들이여, 이제는 입을 다물고 자녀들의 말에 귀기울여야
한다.

책망과 훈계를 들었거나 때로 위로받기도 했지만, 그렇다고
신뢰를 받은 것은 아니었다.

만약에 처음 보는 한 청소년이 당신을 향해 두 개의 손가락을
펴서 사랑과 평화를 상징하는 V자를 표시해 보인다면,
그것은 소리 내지 않고 다음과 같이 말하는 것이다.
"저는 당신에게서 저를 이해한다거나 아니면 최소한 저에 대해
관대하다는 것을 느끼고 있습니다(이러한 것은 청소년들에게
중요한 체험임). 저는 당신에게서 공감대를 느끼고 있지요."
당신이나 그 청소년에게 이런 무언의 대화가 아주 우연히
일어난 것이라 해도, 이런 우연은 자주 일어났음 싶은
행복한 우연이다. 또한 이 경험은 우리 삶에 새로운 활력소가
되어 무감각해진 삶과 우리 자신을 일깨워 줄 것이다.

오늘날 유행하고 있는 말 가운데 다음과 같은 표현들이 있다.
"네 마음에 있는 것을 솔직히 말하라, 네 마음대로 하라.
당신의 마음을 억제하지 마라, 당신의 생각을 솔직히 표현하고
삶 가운데 적용시키며 그대로 행하라."
물론 이러한 정신이 많은 폐해를 가져다 준 것도 사실이지만,
반면에 효과적인 전도 방법을 제공해 주었다.
따라서 예수 그리스도에 대해 가르치고 전할 때, 당신은
사람들에게서 쉽게 공감을 얻을 수 있다. 당신이 사람들에게
하나님과의 체험을 간증할 때 그들은 당신의 말에 진지하게
귀기울일 것이며, 당신의 정직성과 신뢰성 때문에

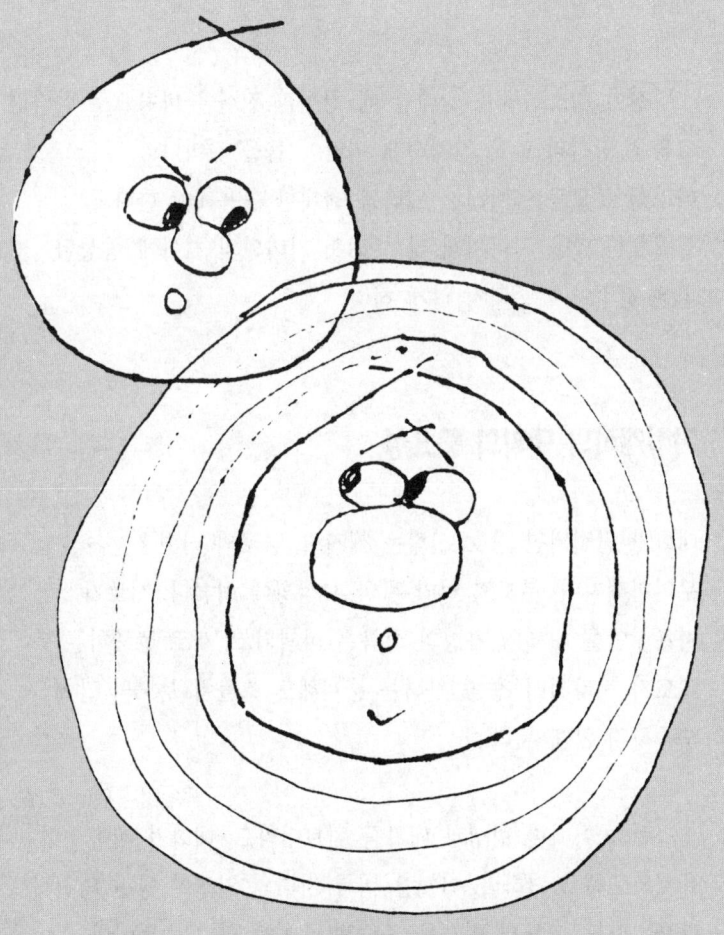

청소년들은 얼굴 표정이나 몸 동작 같은 비언어적 형태의 대
화에 매우 민감하다.

쉽게 공감할 것이다.

　당신이 청소년들을 상대할 때 정직과 진실을 바탕으로 한다면,
그들은 당신의 말을 진지하게 귀담아 들을 것이다.
따라서 부모들은 이러한 원리를 최대한 활용해야 한다.
불필요한 말을 지나치게 많이 해서 자녀와의 사이에 형성된
좋은 감정이 훼손되지 않게 하라.

가정에서의 대화의 중요성

대화가 단절되면 상호 신뢰는 깨지고, 양보와 타협은
무의미해지며, 부모의 억압은 극한 상황에 이른다. 서로가
자존심만을 내세워 가정의 화목은 파괴되고, 서로 존중하는
태도가 사라지며, 종종 자녀를 훈계해도 그들이 부모의 말에
순종하지 않게 된다.

　그런즉 어떠한 희생과 대가를 치르더라도, 대화가 계속
유지되도록 노력하라. 이것은 비록 자녀의 의견이 당신 의견과
다를지라도, 그들의 의견을 존중해 주어야 한다는 뜻이다.
아마 대화 단절의 주된 원인은 부모가 자녀의 의견을 무시하거나,
또는 자신의 능력을 인정해 주지 않는 부모에 대해 자녀가
존경심을 갖지 않는 데 있을 것이다. 물론, 청소년기에는
책임 의식이 약하며 성숙도와 판단 능력이 아직 미성숙한

단계에 있다. 따라서 부모의 인내가 요구된다. 그들에게
무안을 준다든가 자존심을 상하게 하는 행동을 삼가라.
그리고 자녀들과 함께 대화하거나 계획을 세울 때는 반드시
그들의 진지한 의견을 반영토록 하라.

최근에 한 청년이 나를 찾아와 고민을 털어놓았다.
"저는 부모님을 도저히 존경할 수 없어요."
나는 그가 "훌륭한" 그리스도인 가정에서 자랐다는 사실에
더욱 충격을 받았다. 나는 그 이유를 물었다.
"저는 지금까지 부모님이 자신들의 잘못을 시인하는 것을
한 번도 들은 적이 없어요. 그처럼 뻔뻔스러운 분들을
어떻게 존경할 수 있겠어요?"
당신이라면 어떻게 답변하겠는가? 그의 말이 옳다.
그러한 가정에서 진지한 대화란 있을 수 없다.

그가 나를 찾아온 것은 내 앞에서 자유롭게 이야기할 수 있고
또 내가 그의 말을 잘 들어 주리라는 것을 알고 있기 때문이다.
어떤 부모들은 그들이 몇 달 동안이나 자녀와 대화를 나누지
못했기 때문에 내게 전화를 걸어 그들의 자녀와 내가
대화한 내용을 묻기도 한다.

대화는 상호 존중에서 비롯된다. 자녀들은, 당신이
그들을 존중해 주는 만큼 당신을 존경한다. 만약 당신이
그들에게 음악 소리가 시끄럽다고 야단친다면, 그들 역시

당신이 즐기는 음악에 완강한 거부 반응을 보일 것이다.
이러한 원리는 삶의 다른 분야에서도 마찬가지이다.
그럼에도 불구하고 우리는 바로 그렇게 행동하고 있지 않은가?
아버지들이여, 만약 당신이 직장에서 인정받지 못한다면,
과연 열심히 일하겠는가? 어머니들이여, 식구들이 당신의 노고를
알아주지 않는다면, 당신은 열심히 살림하고 가족을 위해서
맛있는 음식을 장만하고자 수고하겠는가?

　자녀들과 함께 앉아 대화하라. 당신의 잘못과 완고함을
기꺼이 시인하라. 귀가 시간과 규칙을 마련하고, 잘한 일에
대해서는 포상 기준을 정하라. 그들이 규칙을 온전히 지키지
못했을지라도, 그들의 노력만은 인정하라. 많은 청소년들이
잘한 것에 대해서는 칭찬을 듣지만, 잘못했을 때는 부모에게서
심한 질책을 받는다. 하지만 그들이 기꺼이 참여해 정한 규칙을
위반할 때는 벌주는 것을 잊지 말라.

　부모가 이러한 의무를 온전히 이행할 수 있다면 자녀들은
곧 여러 문제점들을 상의하고자 문을 두드릴 것이다.
청소년들에게 가장 중요한 이성(異性) 문제나 영적 생활과 같은
극히 사적인 문제는, 뒷골목에서 어울리는 친구나 아영지에서
처음 만난 사람들이 아니라 그들에게 누구보다도 많은 이해와
관용과 신뢰와 존경을 보여 주는 가정에서 부모와의 대화를
통해서만 해결될 수 있다.

⑦

"뭐 하니?"

"제발 노크 좀 하고
들어오실 수 없어요?"

일기장은 이제 그만 훔쳐 보세요.

주로 어머니들이 다른 사람들의 일에 관심이 많다. 때로 터무니없는 추측이나 상상을 하다 보면 예전엔 대수롭지 않게 넘겼을 일상적인 것들에 대해서조차 민감한 반응을 하게 되어 긴장하거나 놀라기도 한다.

그러나 "모르는 게 약이다"란 속담처럼, 어머니는 자녀, 특별히 똑같은 여자라는 입장에서 딸에 대해 알고 싶은 호기심에 사로잡힐 때 그것을 자제해야 한다.

만약 어머니와 딸이 정상적인 대화를 해 왔다면, 어머니는
딸이 제대로 행동하고 있는지의 여부를 알기 위해 그녀의 일기나
편지를 읽을 필요가 없다. 딸의 입장을 좀더 이해하도록 노력하라.
대부분 어머니는 딸의 편지나 일기를 몰래 읽다 들킨 적이
있을 것이다. 그때 당신은 자신을 변명하였는가? 아니면 당신이
깜짝 놀란 것 때문에 딸에게 화를 냈는가? 당신이 명백히
잘못했음에도 불구하고 당신을 매로 다스리거나 방 안에
가두어 놓을 수 없는 딸의 심정을 생각하라.
자녀와의 불편한 관계를 피할 수 있는 최선의 방법은
그들의 사생활을 침해하지 않는 것이다.

자녀의 자유가 존중되는 가정

대부분의 가정에서는 전화가, 말할 수 없는 불안과 억압의
수단이 되고 있다. 어떤 부모들은 자녀의 방에도 전화를 설치하고
함께 규칙을 정하여 문제를 사전에 예방하기도 한다.
시간의 철저한 규제는 중요하다. 그러나 자녀의 친구들 앞에서
그들을 꾸짖고 참견하거나 무안을 주는 행동은 피하라.

자녀의 사생활을 존중하라. 아이들의 방에 들어갈 때 문을
노크하는 단순한 행위는 당신이 저들의 사생활을 그만큼 존중하고
있다는 것을 의미하며, 마찬가지로 그러한 예의는 당신과
다른 사람들에 대한 자녀의 행동에도 영향을 준다.

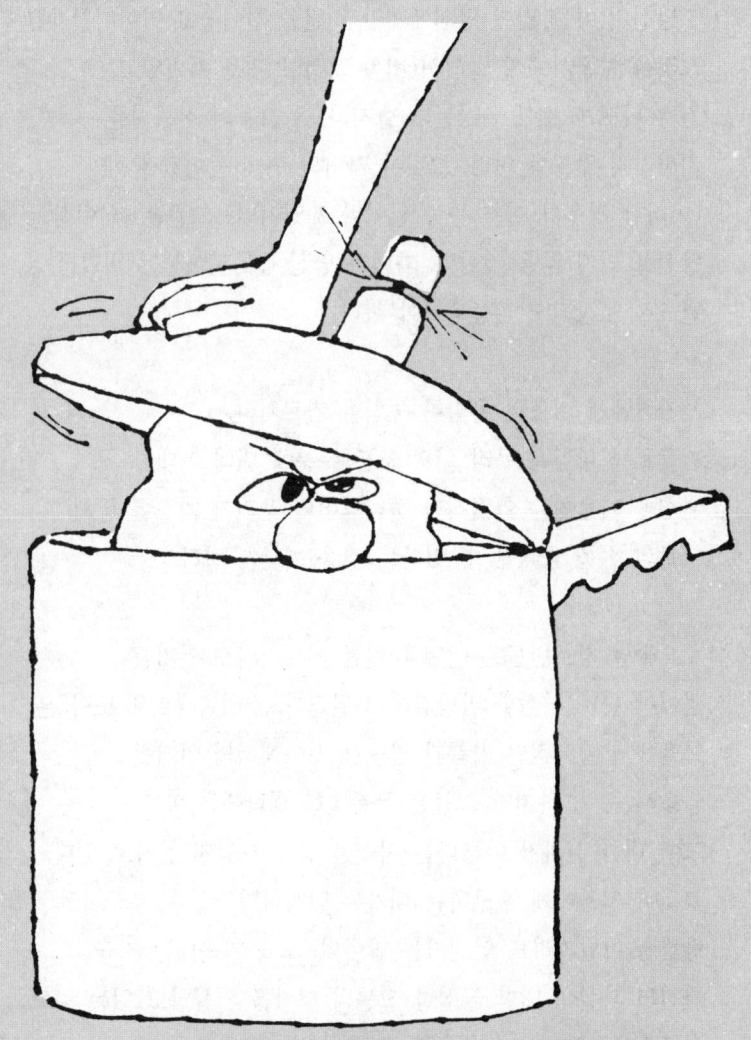

오늘날 청소년들은 어떤 대가를 치르더라도 인기를 얻어야
한다는 심한 압박감에 시달린다.

당신의 아들 딸이 당신에게만 비밀을 털어놓고 이야기할 때는,
그것을 누군가에게 말해서(비록 그것이 매우 재미있고,
전혀 나쁘게 보이지 않는다 할지라도) 그들의 신뢰심을
저버리지 않도록 하라. 그것이 자녀의 귀에 들어갔을 때
(이러한 경우가 실제 종종 일어나고 있지만) 그들은 더 이상
당신을 믿지 않을 것이다. 자녀가 당신에게 털어놓는 비밀은
반드시 보장되고 존중되어야 한다.

자녀에게 기도의 은밀한 능력을 가르치라.
저들로 하나님은 우리 삶의 모든 부분에 대해 지대한
관심을 기울이는 인격적인 하나님이며 우리가 기도를 통해
그분의 손을 움직일 수 있다는 것을 깨닫게 하라.

오늘날 청소년들은 어떤 대가를 치르더라도 인기를
얻어야 한다는 심한 압박감에 시달린다. 소위 "새로운 도덕"은
그들에게 일시적인 기쁨과 친구들 사이에서의 인기를
약속해 준다. 하지만 그들은 무분별한 쾌락에는 반드시
그에 대한 결과가 따른다는 사실을 종종 깨닫지 못하고 있다.
그것이 저들에게 요구하는 대가는 엄청나다.
당장은 아닐지라도 언젠가는 말이다. 그들 가운데는 지금
자신의 과실에 대한 극심한 고통의 대가를 지불하고 있는
사람들도 있다.

자녀에게 무리한 요구를 하지 말라. 주로 십대 초반의

"이 구두를 나중에 바꿀 수 있을까요? 만약 제가 고른
이 구두를 부모님이 좋아하신다면 그땐 이 구두가
제 마음에 들지 않거든요."

청소년들은 그들의 잘못을 지적해 주는 어른에게 반항적인
태도를 취한다. 아이들은 자기들이 그렇게 행동하는 이유를
모른다. 그러므로 자녀의 그러한 행동에 슬퍼하거나
낙심하지 말라. 그들에게 이유를 물을 필요도 없다.
그러면 부모가 자기를 이해해 주지 못한다는 불만이
더욱 가중될 뿐이다. 만약 그들이 당신에게 이렇게라도
묻는다면 대책이 없다.
"부모님은 이 시기가 우리들에게는 정서적으로 매우 불안한
때라는 것을 모르세요. 게다가 난 하고 싶지도 않은 일을
해야 하기 때문에 정말 괴로운 게 한두 가지가 아니라구요."

자녀에 대해 너그럽고, 인내할 줄 아는 부모에게는
이 시기가 길게만 느껴지지 않는다. 아이들은 때로 부모를
깜짝 놀라게 하는 엉뚱한 행동을 하며 부모가 원하는 것과는
정반대의 행동을 즐기기도 한다.
한번은 이런 얘기를 들었다.
한 소녀가 구두 가게에서 새 구두를 사려고 고르고 있었다.
그 아이는 마침내 구두를 하나 고르고 나서 그 가게 주인에게
이렇게 물었다.
"이 구두를 나중에 바꿀 수 있을까요? 만약 제가 고른
이 구두를 부모님이 좋아하신다면 그땐 이 구두가
제 마음에 들지 않거든요."
십대들은 이렇게 청개구리 심보를 보일 수 있다.
그러므로 자녀를 대할 때 항상 마음의 여유를 가지라.

당신의 딸이 친구들과 파티를 즐길 때는 자리를 피해 주라.
행여 그들에게 어떠한 문제가 일어나지 않을까 염려하여
주위를 맴돌지 말라. 그리고 시끄럽다고 야단치지도 말라.
하루 저녁만 귀를 막고 좀 떨어진 곳에서 자거나
뜬눈으로 밤을 지새면 될 것 아닌가? 어쨌든 그들이 자유롭게
노는 것을 방해하지 말라. 떠들고 노는 것이야말로 스트레스를
푸는 무해한 배출구이다.

청소년들 가운데는 학교 성적 때문에 지나치게 억눌려 있는
아이들이 있다. 이러한 강박감은 종종 부모에게서 비롯되는데
자녀가 그것을 잘 소화해 낼 때는 큰 문제가 되지 않는다.
나는 얼마 전 한 십대 청소년에게서 다음과 같은 질문을
받은 적이 있다.
"목사님께서는 오로지 '수'만을 바라고 '우'에 대해서는
칭찬해 주지 않는 부모들을 어떻게 생각하시는지요?"
자녀가 좋은 성적을 내기 위해 열심히 노력하고 있다면,
그들에게 지나치게 무거운 짐을 주지 않도록 유의하라.
선생님들과의 상담을 통해 자녀의 성격 및 특징을 분명히
알게 된다면 자녀를 어떻게 지도해야 하는지를 결정하는 데
도움이 될 것이다.

매년 증가하고 있는 십대들의 자살률은 그들이 얼마나
무거운 압박감에 시달리고 있는지를 보여 주는
끔찍한 증거이다. 나이는 비록 15세에 불과하지만

웬만한 19세의 청소년들보다 조숙해 보이는 아이들을
나는 많이 만났다. 정신적 성숙은 나이와 반드시
비례하지 않는다. 학교 성적이 뛰어난 학생 가운데도
아주 사소한 실패나 좌절에 부딪치면 어찌할 줄 모르는
아이들이 있는가 하면, 신장이 2m가 넘는 농구 선수도
깊은 불안감에 빠질 수 있다. 따라서 부모 된 우리는
청소년기 자녀들에게서 나타나는 이러한 차이점들을
정확히 알고 있어야 한다. 그리고 그들을 다른 형제나
친구와 비교해서 열등감을 느끼게 해선 안 된다.
이것은 부모와 자녀 사이의 관계를 파괴하는 행위이다.
그것은 당신이 자녀에 대해 남보다 못하게 생각하고
있다는 것을 암시한다. 많은 청소년들이 최종적으로 찾아가
도움을 청할 수 있는 그들의 부모에게서 오히려 실망을 느껴
부모와 상의하는 것을 포기하고 있다.

당신의 가정을 개인의 자유가 존중되고 마음의 평안을 얻는
장소로 만들라. 자녀들은 밖에서 심한 압박감에 시달리고 있다.
따라서 그들은 가정이 자기들의 안식처가 되기를 원한다.

⑧

"미안하다.
저녁 식사는
꼭 같이하마."

"아버지 얼굴 보기가
별따기네요."

얘기할
시간이
있어야죠.

"당신 가정의 저녁 식사 분위기는 어떻습니까?"
나는 이 질문이 매우 중요한 의미가 있다고 생각한다.
왜냐하면 대부분의 가정에서 저녁 식사 시간이야말로
온 가족이 한자리에 모일 수 있는 유일한 시간이기 때문이다.
아침 식사는 대개 토스트 한 쪽에 우유 한 잔으로 때우고
저마다 서둘러 나가기 바쁘다.

저녁 식사는 온 식구가 자리를 함께 하는 시간이 되게 하라.

재정적인 문제에 대해 걱정하거나 의논하는 대화는 절대 피하라.
식탁 앞에서는 자녀들을 훈계하는 일도 삼가라. 행여 훈계가
필요할지라도 말이다.

  저녁 식사 시간만큼은 농담과 그날 있었던 일, 그리고
가벼운 대화를 나누도록 하라. 즐거운 대화를 하다 보면
남에게 상처를 주는 말들이나 행동은 자연스럽게 사라진다.
하지만 이런 시간과 분위기를 만들려면 노력이 필요하다.

  나는 저녁 식사 후 약 1시간 정도 식탁에 앉아 대화를
나누는 십대의 두 자녀를 둔 가정을 방문한 적이 있다.
식사를 마친 후 우리는 거실로 갔다. 부모와 두 자녀가
기타를 가지고 왔다. 막내와 나는 교대로 드럼을 쳤다.
부모는 아이들에게서 배워 둔 기타 솜씨로 기타를 치며
오늘날 십대들이 즐겨 부르는 노래를 몇 곡 함께 불렀다.
그 부모는 자신들이 즐겨 부르는 옛 노래를 부르려고
고집하지 않았다. 그들은 함께 어울려 노래 부르며 유쾌한 시간을
가졌다. 마지막으로 우리는 복음 성가를 부르면서 헤어졌다.

  온 가족이 함께할 수 있는 즐거운 시간을 마련하라. 모두가
함께 즐길 수 있는 시간이 필요하다. 이것 또한 많은 노력을
요구한다. 심지어는 스키나 볼링, 테니스도 배워 둬라.
나는 집에서 가족과 함께 즐기는 시간이 더 좋아 이성 친구와의
만남도 거절한다는 아이들의 얘기를 들은 적이 있다.

분명한 것은, 이런 화목한 가정의 분위기는 하룻밤 사이에
이루어진 것이 아니라는 사실이다. 그들의 부모는 오래 전부터
시간을 내고 돈을 쓰며 계획을 세웠다. 대개 부모들은
자기들에게 편리하고, 자신의 계획에 방해가 안 될 때만
자녀들과 함께하는 시간을 갖는다. 청소년들은 부모의
그처럼 무성의한 술책을 아주 잘 알아차린다.
그러므로 가까운 시일 내에 저녁 식탁에 앉아 온 가족이
함께 즐길 수 있는 유익한 시간을 계획하라.

　나는 여기서 징계에 대해 매우 중요한 한마디 교훈을
주고자 한다. 나는 모든 부모들이 자녀에 대해 정당하고
가장 좋은 방식의 징계 원리를 알고 싶어하리라고 확신한다.
나는 어느 개 조련사로부터 징계에 대한 매우 값진
교훈을 배웠다. 그것은 당신의 손을 사랑과 애정을 위한
목적으로만 사용하라는 것이다.
　이것에 대해 잠시 생각해 보라. 그것이 무엇을 의미하는지
곧 이해할 수 있을 것이다.

9

"애야,
내가 잘못했다."

"……."

언제나 우리 잘못만은 아니에요,

어느 날 나는 두통약을 먹어야 할 만큼 머리가 너무 아팠기 때문에 찝찔한 기분으로 일을 마치고 집으로 돌아왔다. 나는 그날 업무를 제대로 파악하지 못하는 사람들 틈에서 그들의 미숙한 일 처리 때문에 하루 종일 화가 나 있었다. 집에 들어설 때는 아내로부터 따뜻한 위로와 동정을 기대했다. 사실, 나는 다른 것에 일체 마음의 여유가 없을 만큼 자기 연민에 빠져 있었다.

그런데 유감스럽게도 아내 역시 유쾌한 하루를 보내지
못하였다. 아이들이 말썽을(그들이 잘못하면 언제나 내 탓이
되었음) 부렸기 때문이다. 저녁을 먹기 위해 식탁에 모였을 때
내가 기도를 했는데, 나는 그때 하나님께서 우리의 기도를
분명히 들어주시지 않았다고 확신한다. 뜨거운 롤 케익을
아주 좋아하는 아들 제이는 식탁 위에 그것이 몇 개밖에
없었기 때문에 자기 차례가 안 돌아올지도 모른다고
생각했던 것 같다. 제이는 다른 사람들이 그것을 모두
먼저 먹어 없앨까봐 미리 손을 내밀고 있다가 "아멘" 소리가
떨어지기가 무섭게 손을 뻗어 롤 케익 두 개를 잽싸게
집어 들었다. 이 때 우유가 엎질러져 모든 것을 적셨는데
내 옷도 예외가 아니었다.

그 순간 나는 손을 뻗어 제이의 머리를 한 대 쥐어박았다.
나는 매우 큰 소리로 "무엇이 필요하면 반드시 물어 보라고
했잖아. 몇 번이나 말해야 알아듣겠니? 그렇게 양보심 없이
어떻게 미국을 대표하는 운동 선수가 될 수 있겠니?"라고
꾸짖었다. 그러자 아이는 울기 시작했고 아내는 나를 몹시
못마땅한 표정으로 쳐다보았으며, 다른 식구들은 고개를 숙인 채
접시만 내려다보고 있었다. 제이는 자기 방으로 들어가고, 나는
제대로 씹지도 않은 채 숨쉴 겨를도 없이 음식을 먹어 치웠다.

하지만 나는 내 행동에 잘못된 것은 없다고 생각했다.
집안의 가장인 나는 권위의 상징이요, 가정을 꾸려 나가는

사람이다. 그런데 내게 다음과 같은 성령님의 세미한 음성이
들려 왔다.
"네가 잘못했다. 넌 하루 종일 쌓였던 불쾌감을 아들에게
화풀이하지 않았느냐! 그러니 분풀이한 네가 잘못했다."
나는 그것이 듣고 싶지 않아 거실로 가 신문을 읽었다.
내 속에서는 두 가지 음성이 계속해서 격론을 벌이고 있었다.
"네가 잘못했어!"
『하지만, 나는 아들에게 결코 사과할 수 없어. 체면이 있지.』

　마침내 나는 일어나 제이의 방으로 갔다.
『제이, 너는 이유를 전혀 모를 거야. 하지만 내가 너를
때리고 혼낸 것에 대해 사과한다. 우유를 엎지른 것은 고의가
아니었는데, 내가 너무 피곤해 있던 탓에 너를 야단쳤던 거야.
용서해다오.』
이렇게 아들에게 용서를 구했지만 내 자존심이나 체면엔
전혀 문제가 없었다. 제이는 내 품에 꼭 안겼다. 곧 우리집은
화목한 분위기를 되찾고 대화가 흘러 넘쳤다.

얄팍한 자존심 깨뜨리기

대개의 부모들이 나와 같은 경우를 경험하고 있다.
아마 당신은 최근까지도 얄팍한 자존심 때문에 터무니없는
태도를 취하고, 가족들을 괴롭게 한 자신의 잘못을 인정하기를

거부했는지 모른다. 청소년기의 자녀들은 부모가 권위만을
내세운다는 것을 알며, 부당하게 자존심만 세우는 부모를
존경하지 않는다. 하지만 그보다 더 심각한 문제는 자녀가 부모를
본받는다는 데 있다. 자기들의 견해가 옳다는 것을 분명히
인식할 때 그들은 그것을 막무가내로 주장하는데, 저들을
그렇게 만든 자가 누구인지를 모르는 부모는 매우 당황하게 된다.

우리는 자기 잘못을 주저 말고 시인해야 한다. 이것이야말로
실제 자신의 위대성을 보여 주는 증거이다. 실수 없는 사람이
어디 있겠는가! 하지만 거듭 실수하면서도 자신의 실수를
시인하지 않는 부모를 존경할 자녀는 없다.

자존심은 또다른 측면, 즉 진로 문제에 부딪쳤을 때 부모와
자녀 사이에 갈등을 빚어 낸다.
나는 어느 성실한 그리스도인 부부와 그들의 딸과 함께
차를 탈 기회가 있었다. 그녀는 열여덟 살이었는데 장차 입학할
대학에 대해 생각하고 있었다. 부모는 나의 의견을 듣고 싶어했다.
나는 그들에게 딸이 무엇에 흥미가 있는지를 물었다. 그리고
그 아이에게 남은 생애를 하나님을 위한 선교 사역에
헌신할 것을 권하였다. 그때 뒷좌석에 앉아 있던 엄마가 매우
못마땅하다는 표정으로 나를 쳐다보았다.

나는 그 어머니의 표정에서 다음과 같은 것을 읽을 수 있었다.
"딸에게 선교사가 되라는 말은 더 이상 하지 말아 주십시오.

그 애는 참 똑똑한 아이예요. 재주도 많구요. 우리는 그 애를
훌륭한 사람으로 키우고 싶어요. 선교 사역이 다른 사람에게는
어울릴지 몰라도 우리 딸한테는 맞지 않아요. 우리는 딸을
항상 곁에 두길 원하지요. 우리는 딸이 세상적으로 출세하고,
많이 배운 사람과 결혼해 편히 살길 원해요. 딸아이는 지금까지
그래 왔고 앞으로도 틀림없이 그렇게 될 거예요."

　여러 면에서 훌륭한 그리스도인 가정이지만 선교 사역에
대해서는 이중적 표준을 갖고 있는 또 한 가정을 예로
들어 볼까 한다. 나는 오늘날 우리가 많은 교회에서 경험하고
있는 것처럼, 사람들이 교만하여 깨닫지 못하는 위선과,
신앙의 본질을 무색케 하는 태도들을 목격해 왔다.
많은 목회자들이 내게 이렇게 묻곤 한다.
"당신은 다른 교회에서도 청소년들이 장차 선교사가 되려는
것에 대해 전혀 무관심한 것을 보시는지요? 우리는 그 동안
청소년들 가운데서 주님의 사역을 위해 일할 자들을 훈련시켜
왔지요. 하지만 지금 우리에게는 아무도 없어요."
나는 이러한 책임의 상당 부분이 많은 그리스도인 가정에
있다고 확신한다.

　나는 한 고 3(高三) 학생을 알게 되었는데 그 아이는 아버지의
출신 대학에 입학하는 것에서부터 가계의 사업을 잇는 데
이르기까지 미래의 모든 계획을 아버지가 주관하는 대로
따라야 했다. 그런데 그 학생이 기독 학생 수련회에 참석하여

그리스도인의 온전한 헌신에 대한 메시지를 듣게 되었다.
강사는 청소년들에게 "하나님께서는 모든 것의 주인이 되시거나,
그렇지 않으면 전혀 주인이 되지 않거나 하신다"는 사실을
상기시키며, 그들에게 하늘 나라의 전권 대사가 될 것을
권하였다. 하나님께서는 그분을 위한 사업에 일생을 헌신하도록
그의 마음을 감동시키셨다.

   이 사실을 신앙인인 아버지께 알리고 싶었던 그 소년은
집에 돌아와 식탁에 앉자마자 자기의 결단을 이야기했다.
아버지는 몹시 화를 냈다.
"네게 그렇게 말한 놈을 가만두지 않을 테다."
『아버지, 저는 아버지께서 아주 좋아하실 줄 알았는데요.』
"뭐라고! 너를 대학에 보내기 위해 지금까지 제대로 먹지도
못하고 피땀 흘려 일했더니, 애비 앞에서 하는 소리가
고작 이것이냐? 이 녀석아, 설교는 다른 사람이나 하라고 해.
너는 나를 닮아서 말재주도 없어. 하지만 사업을 하면
크게 성공할 거다."
오랜 말씨름 끝에 마침내 아버지는 포기하며 이렇게 말했다.
"세상에서 성공하기 싫다고 하는 너를 도대체 이해할 수 없구나."
아들은 물끄러미 아버지를 바라보더니, 조용히 물었다.
『아버지, 그것이 어떤 세상인데요?』

   우리는 믿는 부모로서 자녀들이 하나님의 뜻을 발견하도록
최대한 배려해야 한다. 저들에게 하나님의 뜻보다 당신의 뜻을

따르도록 강요하지 말라.

　자존심은 한마디로 정의(定義)하기가 어렵다. 많은 부모들은
자녀의 출세를 통해 자신들이 덕을 보고자 성공을 강요한다.
어떤 사람들은 자신의 직업에 대해 심한 실망감과 불만을 느끼며
그것에 대한 보상 심리에서 자녀들이 성공하기를 바란다.
하나님은 그러한 교만을 가장 먼저 말씀하신다.
"여호와의 미워하시는 것 곧 그 마음에 싫어하시는 것이
육칠 가지니 곧 교만한 눈과…"(잠 6:16, 17).

　그런가 하면 내가 아는 가정들 중에는 아들이 자기 아버지를
따라서 주님의 종이 되기를 원하는 경우도 많이 있다.
나는 이것을 어느 가정을 막론하고 가장 바람직스러운 현상들
가운데 하나라고 생각한다. 이것은 가정에서도 아버지가
목회자로서 자녀들 앞에 본을 보여 주었다는 것을 암시한다.

　부모도 자존심을 버리는 것이 쉽지 않다. 그리고 굳이
자존심을 버려야 할 이유가 어디 있는가? 그러나 부모가 스스로
자신의 요구가 잘못된 것임을 인정한다면 더 이상 부모로서의
권위를 세우려 해선 안 된다. 이 세상에서 짧은 우리의 시간을
낭비하지 말고 열심히 하늘에 보물을 쌓아 두라.

⑩

십대들이 보는 장

만약 청소년들이 앞의 내용들을 유의해 읽었다면,
지금까지는 내가 주로 부모들을 향해 심하게
질책했다는 것을 느꼈을 것이다.
물론 그들에게는 이러한 책망이 필요한 것이 사실이지만,
동시에 젊은 세대가 공감해야 하는 부분도 있다.

세대차를 극복하기 위한 자녀의 노력

청소년들이여, 이러한 세대차를 극복하기 위해 노력하지
않는다면 심각한 가정 문제가 될 수 있다는 것을 명심하라.

부모에게 자신을 이해시키기 위한 노력은 전혀 기울이지
않으면서 "부모님은 우리를 이해하지 못해"라고 말하기는 쉽다.
대부분의 부모들은 자녀들을 더 잘 알기 원하며,
그래서 기꺼이 노력하고 있다. 세대차를 극복하려는
노력은 어디까지나 쌍방 관계를 통해 이루어져야 한다.
기성 세대는 의식의 골이 너무 깊이 패여 있어 그들의 생각을
바꾸기란 매우 어려우므로 십대 청소년들은 그런 똑같은 과오를
범해선 안 된다. 가정에서 자기 주장만을 고집하지 말고
어느 정도 부드럽고 온화한 태도를 취하라.

어떤 사람이 십대 청소년들을 상대로, 그들이 부모에게
무엇을 빚졌다고 생각하는지 물어 보았다.
한 소년이 이렇게 대답했다.
"저는 아무것도 없는 걸요! 제가 세상에 나오고 싶다고
부탁한 것은 아니니까요"(얼마나 한심한 답변인가?
알고 보니 그는 집에서 말썽꾸러기였다).
또 한 아이가 대답했다.
"제가 지금 빚지고 있는 것은 오천 원뿐이예요"
(이것은 웃기긴 하지만 어리석은 답변이다).
마지막으로, 한 아이가 이렇게 대답했다.

아주 사소한 불공평의 문제 때문에 부모와 언쟁을 벌인다면

어리석기 짝이 없다.

"저는 부모님께 명예와 존경심과 공손함과 사랑을
빚지고 있습니다."

　이러한 답변들을 깊이 유념해 보라. 왜 자신의 가정에 대해
불평하게 되는지 깨닫게 될 것이다. 모든 동전에는 양면이
있다는 것을 기억하라. 따라서 자신의 입장만을 주장하는
고집을 버리라. 때로 부모님의 말이 틀릴지라도 순종하라.
고집을 버리고 공손한 자세로 부모님을 대하라.

　아버지들은 나름대로 수년 전에 세운 목표들 때문에 다소
신경 과민에 걸려 있을지도 모른다는 사실을 기억하라.
그들의 자존심은 완전히 짓밟혔고 그래서 지금 자신들의 목표를
좀더 실질적인 수준에 맞추기 위해 몸부림치고 있는지도 모른다.
친구들이 더 좋은 물건을 갖고 있다거나 더 좋은 환경에서 산다고
아버지 앞에서 불평하여 그 마음을 상하게 해선 안 된다.
아마 아버지는 자녀에게 그보다 더 좋은 것으로 사랑을 표하고
싶을 것이다. 어떤 아버지는 유별나게 고집이 세다.
하지만 여러분의 아버지가 그렇지 않다면, 자기 입장만 끝까지
고수해서 아버지의 마음을 강퍅하게 만들지 말라.

　이제 여러분은 집에서 부모님을 도와주고 어리석은 언쟁은
피하는 방법들을 모색해야 한다. 아주 사소한 불공평의
문제 때문에 부모와 언쟁을 벌인다면 어리석기 짝이 없다.
부모 또한 자신들의 고집을 꺾지 않으므로, 무시당하고 기분이

상하는 것은 여러분 쪽이다. 그렇게 되면 여러분은 어떻게든
부모님을 실망시키려고 일부러 공부를 안 하거나 반항하는
자세를 취한다. 그러나 부모님들은 그런 사실을 알지도
못한 채 그냥 지나치므로 결국 비참해지는 것은 여러분뿐이다.
위대한 미래의 주인공들이여, 조금만 더 양보하라. 그러면
기성 세대인 부모들과의 거센 충돌을 피할 수 있을 것이다.

　여러분도 언젠가는 기성 세대가 될 것이다. 그것은 너무나
분명한 사실이다. 여러분은 장차 누군가를 사랑하여 결혼하고,
자신도 모르는 사이에 어느덧 물건을 저당잡히고 보험에 가입하고
자동차 대금과 치료비를 지불하고, 아이를 낳고, 생활비를
부담하는 등의 많은 책임을 떠맡게 될 것이다. 매일 일정한
시간에 잠자리에서 일어나 매일 같은 길을 같은 시간에
출근해 늘상 만나는 사람들과 똑같은 이야기를 되풀이하고
귀가해서는 TV를 시청하다 취침 시간이 되면 잠자리에
들 것이다. 그리고 가끔씩 아이들에게서 입바른 소리를 듣는다.
"아이, 고리타분해. 아빠는 너무 고지식하고 시대에
뒤떨어졌어요."

　여러분이 어린 시절의 추억을 이야기하려고 말문을 열기가
무섭게 아이들은 지겹다는 듯이 한마디로 일축할 것이다.
"아빠, 또 그 얘기예요?"
여하튼 나이를 먹는다는 것은 이처럼 어려운 모양이다.
　아마 그때 아이의 머리를 한 대 쥐어박고 싶을 것이다.

여러분은 십대 때보다도 신체적, 정신적으로 더 성숙해 있으며, 아직까지 젊음을 추구하고 즐기고 있다고 생각한다. 그런데 철없는 아이들의 행동 때문에 크게 실망하게 된다. 그럴 날이 가까워지고 있다. 좀더 마음의 여유를 갖도록 하라. 후일 그것이 잘한 것임을 깨닫게 될 것이다.

어머니들은 대부분의 시간을 음식을 만들고 청소하며 보낸다. 그리고 장을 보러 가는 것도 놀기 위해서 나가는 것이 결코 아니다. 소녀들이여, 여러분도 하나님께서 축복하시면 장차 아이를 낳고 몸매가 뚱뚱해질 것이다. 그리고 어머니들이 아내로서 남편에게서 이해받지 못한다는 것을 생각한다면 여러분은 어머니의 짐이 아닌 친구의 역할을 하는 딸이 될 수 있다. 여러분도 같은 여자의 입장에서 어머니의 마음을 잘 이해할 수 있으며 따라서 어머니가 모든 것을 혼자서 담당하지 않게 하라. 어머니의 마음을 잘 이해하고, 좋은 친구가 되어 주라.

십대 소녀들이여, 자주 감사를 표하라. 어머니를 포옹하며 사랑한다고 자주 이야기하라. 어머니가 다시 원기를 회복하는 것을 볼 때 여러분은 자신이 한 행동에 대해 뿌듯함을 느낄 수 있을 것이다.

한번은 하계 수련회에 참석하여 배식(配食)받기 위해 줄을 서 있을 때였다. 한 소녀가, 자기는 아버지와 어머니를 "나이 든 아저씨와 아줌마"로 생각한다고 말했다. 뒤돌아보니 그 아이는 치열 교정기를 하고 있는 17세의 귀여운 소녀였다.

나는 소녀에게 말을 걸었다.

"아, 자매님은 웃으면 눈부시게 반짝이는 이가 보이네요."

그러자 아이는 얼굴을 붉혔다.

"내가 그렇게 말한 것은 자매님을 무안하게 만들려고 한 것이
아닌데요. 그것은 칭찬의 말이었어요."

그 소녀는 매우 당혹해 하였다. 나는 계속해서 말했다.

"내 말은 부모님이 큰 돈을 들여서까지 자매의 웃는 모습을
아름답게 하려는 것을 보니 자매님은 굉장히 사랑받는다는 것을
알 수 있어요. 사실, 자매님은 교정하기 전에도 음식을 먹는 데
아무런 불편이 없었을 거예요. 하지만 부모님은 자매를
아름답게 하려고 많은 돈을 쓰시잖아요. 한 가지 덧붙여
말하고 싶은 것은 자매가 그런 부모님을 '나이 든 아저씨와
아줌마'라고 말하는 것을 들은 것 같은데,
그것은 잘못된 생각이지요."

나는 그 소녀를 더 이상 무안하게 하고 싶지 않아 얼굴을
돌렸다. 그 소녀는 딸로서 부모님의 사랑을 받을 자격이 있다.
하지만 그것을 당연한 것으로 여겨서는 안 된다.

여기서 잠시 멈추어 여러분이 감사해야 할 조건들을
생각해 보라. 그것은 가정의 분위기를 크게 바꿔 줄
것이다. 십대 청소년들 가운데는 실제 그러한 변화가
필요한 친구들이 있다.

여러분을 사랑하는 사람들을 실망시키지 말라. 그것은 스스로
아직 미숙한 상태에 있음을 보여 주는 결정적인 증거이다.
부모와 함께 복된 가정을 이루기 위해서 노력하라.
여러분의 진지한 노력이 있을 때 그 가정은 그리스도를 높이는
영광스런 장소가 될 것이다. 부모와 하나님 앞에서 온전히
정직하라. 가정에서 놀라운 변화를 발견하게 될 것이다.

망망한 바다 한가운데서 배 한 척이
침몰하게 되었읍니다.
모두들 구명 보우트에 옮겨 탔지만
한 사람이 보이지 않았읍니다.
절박한 표정으로 안절부절하던 성난 무리 앞에
급히 달려 나온 그 선원이
꼭 쥐고 있던 손바닥을 펴 보이며 말했읍니다.
"모두들 나침반을 잊고 나왔기에…"
분명, 나침반이 없다면 끝없이 바다 위를
표류할 수 밖에 없을 것입니다.

생(生)의 바다를 항해하는 모든 이들을 위하여
우리는 그 나침반의 역할을 하고 싶습니다.
20세기 문명의 이기(利器)를 통하여
우리를 구원하신 아름다운 주님을
널리 전하고 싶습니다.

우리 나침반 가족은
구원의 복음과 진리의 말씀을 전하며
당신의 믿음 성장과 삶을, 가정을, 증거를,
그리고 당신의 세계를 돕고 싶습니다.

그리스도 안에서
우리는 당신을 진실로 사랑합니다.

"하나님은 모든 사람이 구원을 받으며
진리를 아는 데 이르기를 원하시느니라."
(디모데전서 2장 4절)

「복음의 향기」선교회 / 김인자 지음

행복한 가정의 창조자이며 수호자가 되시는
하나님의 지혜가 가득 담긴 책들

부모들이여, 자녀를 잘 양육합시다.
국판/ 160 면

전형적인 '극성 어머니'였던 저자가 예수 그리스도를 영접함으로 말미암아 부모됨의 참된 의미를 깨닫고, 자신의 생생한 체험을 바탕으로 하여 모든 부모들에게 보내는 메시지!

부모의 소유물도 아니고, 부모가 못다 이룬 소망의 대행자가 아닌 진정 하나님께서 나에게 위탁하신 기업으로서의 자녀 교육은 어떻게 해야 하는지 구체적인 삶 가운데서 확인해 보십시오.

아내들이여, 돕는 배필이 됩시다.
국판/ 144 면

여성 해방론자이던 저자가 예수 그리스도를 영접함으로 말미암아 아내됨의 참된 의미를 깨닫고, 자신의 그 체험을 바탕으로 하여 모든 여성들에게 보내는 메시지!

남편의 위도, 아래도 아닌 그의 옆에 나란히 서서, 함께 기업을 상속받을 자로서 갖춰야 할 자세는 무엇인지 구체적인 삶 가운데서 확인해 보십시오.

저자는 우선 '가정을 회복시키시는 하나님'을 우리에게 상기시키면서, 행복한 가정을 만들어 가기 위해 필요한 자세들을 제시하고 있습니다. 그리고 행복하고 완전한 가정의 모형을 에덴 동산의 아담과 하와에 두고 그 관계가 어떤 과정을 통해 파괴되었으며 어떤 결과를 낳았는지를 성경 중심으로 살펴본 후에, 기대를 걸 수 없는 인간에 대해 섬기는 자세로 일관할 것을 권고하고 있습니다.

부부들이여, 행복한 가정을 만듭시다.
국판/ 128 면

저자는 복의 원천이신 하나님과 지속적으로 교제하며, 그분을 찬양할 때 우리에게 참된 행복이 있음을 일관되게 주장하고 있습니다.

그리고 이런 주제를 근간으로 하여 마태복음 5장과 시편 1편 등 복에 대해 언급하고 있는 성경 말씀들을 자세히 풀이하면서 복있는 여인이 되도록 촉구하고 있습니다.

여성들이여, 행복한 여인이 됩시다.
국판/ 128 면

남자와 여자가 함께 그리고 멋있게 사는 지혜

로렌스 크랩 지음/신국판/304면

결혼 생활의 적은 그 누구도 아닌 바로 이기적인 '나'에게서 비롯됩니다. 성경 상담학의 대가(大家) 래리 크랩이 제시하는 '타인 중심'의 지혜로운 결혼 생활법을 만나보세요.

나 ♥ 침 ♥ 반 ♥ 부 ♥ 부 ♥ 생 ♥ 활 ♥ 시 ♥ 리 ♥ 즈

함께 읽고 사랑을 키우는 부부를 위하여

밀고 당기는 부부싸움보다 두손 맞잡고 함께 기도하는 아름다운 부부가 되고 싶습니다.

더 즐겁게 사는 부부

마가렛 헤스 지음/신국판/256면

'남들은 부부 사이의 문제점을 어떻게 풀어가고 있을까?'
타인의 경험은 우리에게 많은 도움을 줍니다.
결혼 생활의 실례를 통해 배우는 부부 생활의 방법을 들어보세요.

정말 근사한 부부로 살아갑시다

팀 티몬즈 지음/신국판/136면

결혼식 때의 주례를 지금도 정확히 기억하고 계십니까?
인류 최초의 결혼 주례자인 하나님의 주례사는 뭘까요?
그 주례사 속에는 거듭난 결혼 생활의 비결이 있습니다.

위대한 신앙인 부부의 결혼 생활 공개

윌리엄 피터슨 지음/신국판/176면

영화로도 만들어진 C.S. 루이스의 사랑과 결혼, 그 이름도 유명한
허드슨 테일러…
기독교 역사에 큰 발자취를 남긴 분들의 부부 생활은 어땠을까요?
그들의 삶이 우리와 무엇이 다르고 무엇이 비슷한지 비교할 수 있습니다.

말없는 남편 때문에 외로워하는 아내들에게

찰리 쉐드 지음/신국판/126면

남편 때문에 죽고 싶을 정도로 답답함을 느낀 35명의 아내들에게
찰리 쉐드가 친절한 답장을 보냈습니다.
답장을 읽으며 부부가 함께 하는 기쁨을 되찾아 보세요.

훈련으로 되는 행복한 부부

놀만 라이트 지음/신국판/128면

'하나님이 제시하는 10가지 결혼 생활의 방향들은 무엇일까?'
결혼은 산행과 같은 것, 훈련을 통해 바른 길을 잡아야 합니다.
가정 사역의 대가 놀만 라이트가 그 길로 안내합니다.

남편과 아내가 사랑하며 행복하게 사는 지혜

제임스 워커 지음/신국판/344면

가장이란 말에 부담느끼고, 돕는 배필이란 말에 자존심 상하고
다 알것 같은 사이인데도 아직도 모르는 것이 수두룩한 '부부'에게
드립니다.

책번호/바 · 1010

제발 친구같은 부모가 되어 주세요

발행소●종 합 선 교 - 나 침 반 社
NACHIMBAN MINISTRIES

(등록 1980년 3월 18일 / 제 2 - 32 호)

편집겸 발행인●김　　　용　　　호

ⓒ 1995 KIM YONG - HO

초판 발행시 선교사역의 동참자들
김웅국 · 김종국 · 남희경 · 박상희 · 박윤정
박주남 · 박현주 · 안미성 · 유경문 · 유성희
이계복 · 이나리 · 이문숙 · 이부국 · 이선영
이지혜 · 이형석 · 이화연 · 임해선 · 최영오
최윤자 · 최은진 · 최종국 · 홍은주
※가나다…순

연락처

● 우편 / 110 - 616 서울 · 광화문 사서함 1641호
K.P.O. BOX 1641, SEOUL 110 - 616, KOREA

● 우체국대체구좌 / 010041 - 31 - 1201888

● 은행지로번호 / 각 은행 99번 창구 3000366 번

● 전화 / 본사사무용 (02) 279 - 6321~3
서점주문용 (02) 606 - 6012~4

● FAX / 본사사무용 (02) 275 - 6003
서점주문용 (02) 606 - 6016

지은이 / 빌 맥키

옮긴이 / 조용만

제 1 판 발행 / 1995년 1월 20일

제 3 판 발행 / 1997년 4월 1일

나침반 신간안내 / 전화사서함 (02) 152 - 응답후 6322

기독교 종합정보 / PC통신 천리안 · 나우콤 GO NIC

값은 뒷표지에 있습니다. ● PRINTED IN KOREA

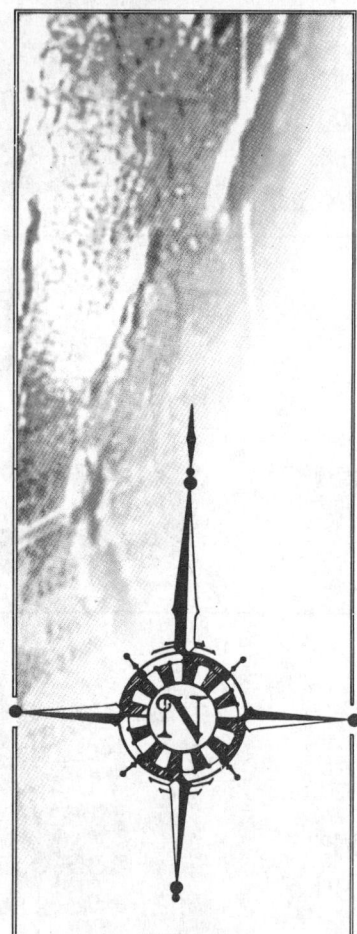

나침반社는
우리를 구원하신
아름다운 주님을
20세기 문명의
이기(利器)를 통하여
널리 전하고 싶습니다.

25